부동산 공매 셀프등기 A to Z

누구나 쉽게 따라 할 수 있는

온비드 **부동산 공매**
셀프등기 A to Z

이창석 지음

한국경제신문*i*

온비드 공매(부동산) 투자를 한다면 투자자가 반드시 지녀야 할 스킬 중 하나가 소유권이전 셀프등기다.

셀프등기 능력을 갖춤으로써 비용(수수료)을 절약할 수 있는 장점 외에 등기(登記) 전반에 대한 이해와 부가적으로 부동산 투자나 일상생활에 도움이 되는 많은 지식을 자연스럽게 습득할 수 있을 것이고, 이는 다시 부동산 투자에도 여러 가지 방향으로 도움이 된다.

이 책은 공매 셀프등기 진행을 실제로 '실행'할 수 있도록 진행 단계별로 쉬운 설명과 실제 사진 및 예시를 담았으며, 자주 하는 Q&A와 많이 하는 실수들에 대한 최상의 해결 방법을 제시했다. 또한 등기(登記)에 대한 필수이론의 기초 지식과 말소할 목록을 작성하는 방법, 등기신청수수료 납부 방법, 국민주택채권 매입 방법 등을 실제 예시를 들어 단계별로 상세히 설명했다. 필자의 다양한 노하우와 팁들을 아낌없이 책에 담았으므로 누구나 쉽게 셀프등기를 가능하게 해줄 것이라고 자신한다.

그리고 등기사항전부증명서, 건축물대장, 토지대장 등의 공적 서류 등을 발급받는 방법에 대한 기초적인 내용 등은 책에 분량을 더할 수 있으므로 필자의 블로그에 올렸으니 편하게 참고하면 된다. 이외에도 필자의 블로그에는 셀프등기에 사용하는 여러 서식 파일 및 경매·공매 투자에 대한 여러 정보가 있으니 많은 도움이 될 것이다.

이 책을 통해 독자들이 법무사에게 수수료를 지급하고 소유권이전등기를 하는 대신에 자신이 직접 셀프등기를 진행해서 완료할 수 있게 되기를 바란다.

특히 해당 지자체, 은행 등의 관공서에 직접 방문해서 진행하는 이동 시간과 대기시간 등의 허비되는 시간 없이 최상의 방법으로 가정(인터넷이 가능한 장소)에서 컴퓨터로 셀프등기를 완료하는 능력을 갖추게 하는 것이 이 책의 목적이다.

필자는 10년 이상 동안 수많은 셀프등기를 하다 보니, 가장 빠르고 정확하게 진행하는 방법을 오랫동안 고민했고, 진행 단계별로 다양한 시행착오를 줄이면서 결국 최상의 진행 방법을 정리할 수 있었다. 이를 계속 수정, 보완해 최종적으로 가장 최적의 셀프등기 비법을 완성했다.

필자 또한 매번 책에 소개된 내용과 똑같은 방식으로 매년 셀프등기를 하고 있으므로 독자들도 이 셀프등기를 따라 하면 많은 유·무형의 이득을 얻으면서 전문가로 거듭날 수 있을 것이다.

이 책을 통해 독자들 스스로가 셀프등기의 전문가가 되어 온비드 부동산 경매·공매뿐만 아니라 일반 매매·상속·증여 등 모든 등기를 셀프로 진행할 수 있는 능력을 갖추길 바란다.

마지막으로 제일 중요한 것은 '실행'일 것이다.

자, 이제 공매 셀프등기를 시작해보자.

이창석

차례

다운로드 파일 LIST

'공매 셀프등기 순서 1장'
'공매 5종 세트'
'위임장'
'주택([ ]무상/[ ]유상거래) 취득 상세 명세서'
'말소할 등기의 표시(말소할 목록)'
'지방세 과세표준 및 세액 등의 결정 또는 경정청구서'
'취득세신고서, 주택 취득 상세 명세서'
'국민주택채권 업무편람'
'부표' 제1종 국민주택채권 매입 대상 및 금액표
'별표' 제1종 국민주택채권 매입 대상자 및 매입 기준

다운로드 파일 LIST는 저자의 블로그에 있습니다.

PART
01

공매 셀프등기
(소유권이전등기 촉탁신청)

공매 물건 소유권이전
촉탁등기

소유권이전 촉탁등기란?

소유권이전등기는 매도자와 매수자가 공동으로 신청하는, 즉 당사자의 신청에 의하는 것이 원칙이나, 예외적으로 법률의 규정이 있는 경우, 법원 및 그 밖의 관공서가 등기소에 촉탁해서 등기하는 경우가 있는데, 이를 '촉탁등기'라고 한다.

공매의 경우, 한국자산관리공사가 촉탁등기를 하는 것이다.

즉, 온비드(한국자산관리공사) 공매 물건은 입찰에 참여한 후 목요일에 최고가매수인(낙찰)이 결정되고, 다음 주 월요일에 매각허가가 결정되고, 잔금기일이 결정된다. 공매 물건의 잔금 납부는 은행 송금으로 이루어지고, 소유권이전등기에 필요한 제반 서류를 모두 갖춰 해당 자산관리공사에 제출하면, **한국자산관리공사에서 직권으로 소유권이전등기를 등기소에 촉탁하는 것이다.**

다시 말해, 일반 매매를 통한 소유권이전등기의 경우에는 등기소에 방문해 소유권이전을 진행하지만, 공매 낙찰을 통한 소유권이전 촉탁등기는 한국자산관리공사가 소유권이전을 진행하는 것으로 그 차이점을 이해하면 될 것이다.

등기촉탁을 하려면 매수인은 다음의 서류를 한국자산관리공사 해당 지점에 제출해야 한다. 우편등기로 보내면 된다.

① 등기청구서
② 매각결정통지서, 보증금 영수증
③ 잔대금완납증명서, 잔대금 영수증
④ 부동산 등기사항전부증명서(구 등기부등본)
⑤ 건축물대장
⑥ 토지대장
⑦ 취득세 납부 영수증, 등록면허세 납부 영수증
⑧ 등기신청수수료 납부 영수증
⑨ 국민주택채권 매입 납부 영수증
⑩ 말소할 목록
⑪ 주민등록초본(등본)
⑫ 등기필증(권리증) 우편송부신청서

+) 등기필증 우편송부신청서

(매수인이 우편에 의해 등기필증을 송부받길 원하는 경우에 제출하는 서류로서 당연히 제출하면 된다. 그리고 만약 공동으로 낙찰받은 경우에는 수령 받을 매수인은 공동 낙찰자 중 1인을 기재해야 한다)

※ **공동으로 낙찰받은 경우, 즉 매수인이 수인인 경우에는 등기필증 수령인 1인을 제외한 나머지 매수인들의 위임장 및 인감증명서를 제출해야 한다.**

※ 토지대장의 경우, 토지뿐만 아니라 아파트, 빌라, 상가 등 모든 부동산 소유권이전 셀프등기에 필요한 서류다(임야는 임야대장).

※ 주민등록 초본(또는 등본)을 발급 받는 경우에는 필히 주민번호 뒷자리가 나오도록 발급받아야 한다.

공매 물건의 셀프등기 진행 방법은 경매 물건의 셀프등기와는 비슷하면서도 여러 가지 진행상의 차이가 있다. 그렇지만 큰 틀에서는 동일하다고 봐도 무방하다.

차이를 살펴보면 여러 가지가 있겠지만, 대표적으로는 다음과 같다.

공매의 등기촉탁 서류 중 '등기청구서'는 경매의 '소유권이전등기 촉탁신청서'와 유사한 서류이고, 나머지 서류들은 거의 동일하다고 보면 된다.

경매의 경우에는 '부동산의 표시'(부동산 목록) 서식이 등기 촉탁신청 서류로 필요하지만, 공매의 경우에는 매각결정통지서에 '부동산의 표시' 내용이 기재되어 있으므로 따로 '부동산의 표시' 서식이 필요하지 않다.

그리고 경매와의 제일 큰 차이점은 잔금 납부의 방식일 것이다. 경매의 경우에는 잔금 납부를 위해서는 반드시 법원 경매계에 방문해야 하나 공매의 경우에는 은행 계좌로 송금해서 잔금 납부를 하기 때문에 많이 편리하다.

또한 농지를 낙찰받은 경우, 농지취득자격증명서 제출에 대한 매각 진행 방식이 매우 다르다. 농지를 낙찰받는다면, 경매의 경우에는 일주일 내에 농지취득자격증명서를 제출하지 않는다면 매각불허가가 되어 더 이상의 경매 진행은 되지 않는다.

하지만 공매의 경우에는 농지를 낙찰받고 농지취득자격증명서를 제출하지 않더라도 매각결정이 되고 계속해서 매각 진행이 되어 농취증(농지취득자격증명) 없이도 잔금을 납부할 수 있다.

하지만 잔금은 납부하더라도 소유권이전등기를 하지 못하는데, 이것이 공매와 경매의 아주 큰 차이점이다.

참고로, 공매와 경매의 농지취득자격증명서 제출에 대한 비교와 행정소송 등의 자세한 내용은 필자의 전작인 《부동산 경매 · 공매 특수물건 투자 비법(매일경제신문사)》에 자세히 설명되어 있으니 궁금하거나 더 자세히 공부하고자 하는 분들에게 많은 도움이 될 것이다.

소유권이전등기 촉탁신청
4가지 방식

부동산 소유권이전등기 촉탁의 방법에는 다음과 같이 4가지 방식이 있다.

1. 법무사를 통해 처리하는 방법(수수료 발생)
2. 직접 방문해서 처리하는 방법
    : 지자체 취득세과, 은행, 우체국 등 방문
3. **모든 절차를 인터넷으로 진행하는 방법**
    : **인터넷으로 모두 진행 - 최종 우체국 방문**
4. 기타 이외의 방법

1. 법무사를 통해 처리하는 방법

일반적으로 가장 많이 선택하는 방법이다. 부동산 매매를 평생 동안 몇 번 하지 않는 경우에는 법무사를 통해 진행하는 것이 최선의 선택일 것이다.

하지만 부동산 투자를 선택했다면 셀프등기의 능력을 갖춰야 한다는 게 필자의 주장이다. 특히 셀프등기를 하게 되면 법무사 수수료를 건당 약 40~100만 원을 절약할 수 있는 것 외에도 유·무형의 여러 가지 능력을 얻을 수 있다. 참고로 필자는 셀프등기를 하면서 절약한 수수료에 해당하는 금액을 자신과 가족에게 선물을 사는 것으로 즐거움을 얻는다.

단, 은행 대출을 해서 잔금을 내는 경우에는 보통 은행에서 지정한 법무사가 보통 진행하므로 셀프등기는 현실적으로 어려울 수 있다. 법무사 수수료 내역서를 살펴보면 대부분은 아니지만, 아주 간혹 실제 금액에 비해 높게 책정된 경우가 있을 수 있다. 이런 경우에도 셀프등기 능력이 있다면 법무사의 '수수료 내역서'를 항목마다 꼼꼼히 확인할 수 있고, 만약 수수료 금액이 높다는 것이 확인된다면 법무사에게 요청해서 금액을 돌려받을 수 있을 것이다.

2. 직접 방문해서 처리하는 방법

셀프등기를 하는 경우, 흔히 사용하는 방법이다.

잔금 납부는 은행 계좌로 송금으로 가능하나, 취·등록세 신고·납부를 위해서는 낙찰받은 부동산 소재지 관할 시·군·구 취득세과로 이동해서 취·등록세를 신고·납부한다. 그리고 은행과 우체국에 각각 방문해 등기신청수수료를 납부하고 국민채권을 매입하고 소유권이전등기에 필요한 서류인 부동산 등기부, 토지대장, 건축물대장, 주민등록등본 등을 발급받아서 소유권이전등기 촉탁에 필요한 서류를 최종 확인해서 제출하는 방식이다.

해당 지자체 취득세과에 방문하는 시간과 서류 발급과 제출, 그리고 신고·납부를 위한 대기 시간 등을 고려한다면, 투자자 입장에서는 이 방식은 바람직한 선택은 아닐 것이다.

직접 방문해서 셀프등기를 진행하는 방법은 너무 비효율적이라는 것을 알 수 있다. 따라서 다음의 3번을 진행하는 것이 가장 최선의 선택이며, 필수적이라고 볼 수 있다. 특히 투자자라고 한다면 더욱 그럴 것이다.

3. 모든 절차를 인터넷으로 진행하는 방법

장점을 들자면 너무 많지만, 대표적으로 시간을 효율적으로 사용할 수 있고, 진행 과정에서의 실수를 줄일 수 있다. 또한, 등기(登記) 제반 관련된 지식을 얻을 수 있다. 그뿐만 아니라 부동산 투자와 일상생활에 필요한 여러 가지 능력을 배우게 되는 장점이 있다.

독자분들도 꼭 셀프등기를 통해 유·무형의 많은 이득을 얻길 바란다. 단계별 셀프등기에 대한 상세한 설명은 'PART 03. 공매 셀프등기 단계별 방법'에서 상세히 기술할 것이다.

4. 기타 이외의 방법

그 외 다른 방법도 여러 가지가 있다.

전략적으로 앞의 방법들을 혼용하는 방식도 사용할 수 있고, 다른 방식 또한 사용할 수 있을 것이다. 항상 소유권이전등기 등의 행정적인 부분은 시대에 따라 계속해서 개선되고 변하기 때문에 정답은 없을 것이고, 가장 실무와 이론이 잘 어우러져 있는 것이 최선의 선택일 것이다.

이렇게 4가지의 방식이 있지만, 3번의 방법이 가장 최선이다.

이제 부동산 공매 셀프등기를 시작해보도록 하자.

공매 셀프등기 기초
지식 11가지

먼저, 셀프등기에 필요한 기초적인 지식에 대해 알아보도록 하자.

1. 단독명의 낙찰인지, 공동명의 낙찰인지에 따라 위임장, 인감증명서, 인감도장, 주민등록초본(등본) 등의 필요한 서류를 정확히 챙겨야 한다.

2. 해당 지자체 부동산 취득세과 연락처 및 팩스번호, 실물 서류를 보낼 주소를 미리미리 파일로 저장해두면 시간 절약을 할 수 있다.

3. 취득세와 등록면허세는 지방세이고 물세이므로, 취·등록세 신고·납부는 물건의 소재지의 시·군·구청의 취득세과에서 진행하면 된다.
예를 들어 ① 경북 군위군 군위읍 외량리 물건을 낙찰받고 셀프등기 시에는 경북 군위군청의 부동산 취득세과에서 진행하면 되고, ② 전남 목포시 창평동 물건은 목포시청 부동산 취득세과이고, ③ 경북 포항시 남구 상도동 물건은 포항시 남구청 부동산 취득세과에서 진행하면 된다.

4. 부기등기는 말소할 목록에 기재하지 않아도 된다. 등기관이 직권 말소한다.

부기등기, 소유권이전등기, 소유권 보존등기, 공매개시결정등기(부기 등기임)의 4건의 등기 내용은 말소할 목록에 기재할 필요가 없다.

5. ① 지분 전부에 근저당이 설정되어 있고, 이 중 한 명의 지분만을 경매 매각한 물건을 낙찰받은 후 셀프등기하는 경우, 근저당 전체를 말소하는 것이 아니라 근저당권변경등기(일부말소)해야 한다.

② 근저당, 지상권순으로 등기된 지분 물건이 매각 후 말소는 지상권 전부를 말소촉탁하면 된다.

③ 지분 물건 전체에 가압류가 설정되어 있고, 이 중 한 명 지분만을 경매 매각한 물건을 낙찰받은 경우, 말소는 가압류변경 등기(일부 말소)해야 한다.

④ 대항력 있는 임차권 등기권자가 일부만 배당 시 변경등기촉탁(임 차권변경등기)해야 한다.

⑤ 간혹 같은 부동산 물건이 2번의 공매 진행을 통해 최초의 대항력 세입자가 우선변제권으로 배당요구를 해서 전액변제가 되지 않아 계속 점유 중에 또다시 공매 진행 시, 대항력임차인의 두 번째 우선변제권을 인정하지 않기 때문에 다음과 같은 물건은 말소촉탁이 안 되니 주의해 야 한다(우선변제권 두 번은 인정하지 않는다).

대법원 2006. 2. 10. 선고 2005다21166 판결

주택임대차보호법상의 대항력과 우선변제권의 2가지 권리를 함께 가지고 있는 임차인이 우선변제권을 선택하여 제1경매 절차에서 보증금 전액에 대하여 배당요구를 하였으나 보증금 전액을 배당받을 수 없었던 때에는 경락인에게 대항하여 이를 반환받을 때까지 임대차관계의 존속을 주장할 수 있을 뿐이고, 임차인의 우선변제권은 경락으로 인하여 소멸하는 것이므로 제2경매 절차에서 우선변제권에 의한 배당을 받을 수 없는바, 이는 근저당권자가 신청한 1차 임의경매 절차에서 확정일자 있는 임대차계약서를 첨부하거나 임차권등기명령을 받아 임차권등기를 하였음을 근거로 하여 배당요구를 하는 방법으로 우선변제권을 행사한 것이 아니라, 임대인을 상대로 보증금반환청구 소송을 제기하여 승소판결을 받은 뒤 그 확정판결에 기하여 1차로 강제경매를 신청한 경우에도 마찬가지다.

※ 우선변제권은 주택임대차보호법 제3조의2 제2항에 따라 민사집행법에 따른 경매 또는 국세징수법에 따른 공매에서 인정되는 권리이고, 따라서 공매의 경우에도 경매와 마찬가지로 우선변제권을 행사했다면, 후행 절차에서 다시 우선변제권을 행사할 수 없다.

6. 등기신청수수료는 법원 인터넷등기소(http://www.iros.go.kr)에 접속해 편하게 납부하면 되고, 소유권이전은 15,000원, 말소할 목록 한 건당 3,000원씩 해서 전체 금액을 한 장에 하면 된다.

해당 등기소를 찾는 게 어렵다면 등기부등본 뒷장 아랫부분에 해당 등기소 이름이 적혀 있으니 이를 참고하면 정확하다.

7. 국민주택채권 매입은 주택도시기금(http://nhuf.molit.go.kr)에 접속해 편하게 구입하면 된다.

주의할 점은 공동 입찰인 경우에는 그 인원수만큼 나누어서 계산해야 한다. 보통 인원수가 많으면 채권 매입이 0원인 경우가 있다. 이 경우, 이를 잘 기재해서 한국자산관리공사에 제출해야 또 다른 문의를 받는 것을 미연에 방지할 수 있다.

8. 대지권등록부 오류인 경우

간혹 제반 서류를 인쇄할 때 대지권등록부가 다음과 같이 해당 데이터가 없다는 경우가 있다. 이런 경우 이리저리 알아보느라 시간 뺏기지 말고, 다음과 같이 처리하자.

① 해당 부동산 관할 지적과에 문의한다.

② 인근 주민센터에 방문해서 직접 발급받는다. 한 건당 수수료가 발생한다. 단, 인터넷으로 발급하면 무료다.

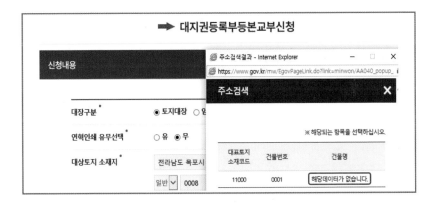

9. 셀프등기를 위한 여러 종류의 공적 서류를 발급받아야 한다. 해당 관공서에 방문해서 발급받는 것은 셀프등기의 취지와는 맞지 않는다. 해당 관공서에 방문한다면 발급받기 위한 시간과 비용이 드는 데 반해 컴퓨터로 신청한다면 무료로 쉽게 발급 및 인쇄를 할 수 있다. 부동산

등기부 발급만 유료이고 나머지는 전부 무료다. 주민등록 등본·초본은 무료이니 일상생활에서도 많은 도움이 될 것이다.

필요서류	발급처	비고
건물/토지/집합 등기사항전부증명서	대법원 인터넷등기소	유료
토지(임야)대장/연명부/대지권	정부24	무료
건축물대장	정부24, 세움터	무료
주민등록 등본·초본	정부24	무료

10. 농지를 낙찰받은 경우, 농지취득자격증명서를 필히 소유권이전 등기 서류와 함께 제출하라는 안내를 많이 한다. 이는 대법원 부동산 경매와는 다른 경우인데, 경매의 경우에는 낙찰받고 농지취득자격증명서를 7일 이내에 제출하지 않으면 매각불허가 결정이 나기 때문에 경매 매각의 진행은 중지되고 재경매가 다시 진행된다. 즉, 셀프등기(소유권이전 촉탁신청)의 진행이 불가능하다. 입찰보증금을 잃을 가능성도 크다.

하지만 공매의 경우에는 농지취득자격증명을 제출하지 않더라도 매각불허가나 보증금환수 없이 진행이 계속된다. 즉, 농지취득자격증명이 없더라도 잔금 기일까지 잔금 납부가 가능하고 잔금을 내더라도 농지취득자격증명이 없기 때문에 소유권이전등기가 안 될 뿐이다.

11. 우표 값과 개수를 정확하게 확인해 한국자산관리공사에 우편등 기를 보내야 한다. 틀리는 경우, 다시 우체국에 방문해서 우표를 사야 하는 번거로움과 등기이전이 늦춰지는 단점이 있으니 처음부터 정확하

게 진행해야 한다.

가장 중요한 점은, 공매의 경우 법원 경매에 비해 매우 친절하다(물론 법원 경매계도 많이 친절하다). 따라서 셀프등기를 진행하는 도중 궁금하거나 어려운 점이 있으면 항상 전화로 문의하도록 하자.

참고로, '부동산의 표시'(부동산목록) 서류를 따로 작성해야 하는지에 대한 문의를 종종 받는다.

공매의 경우, '매각결정통지서' 서류에 '부동산의 표시' 내용이 기재되어 있어서 서류 작성이 따로 필요 없다.

경매의 경우에도 잔금을 납부하면 법원 경매계에서 '부동산의 표시' 서류를 발급하기 때문에 작성하지 않아도 된다.

PART
02

공매 셀프등기의
단계

공매 셀프등기의 순서를 간략히 설명하면 다음과 같다.

공매 물건을 낙찰받은 후, 그다음 주 월요일에 매각허가결정이 되면 대금지급기한의 날짜가 정해지고, 그 기한 내에 셀프등기를 진행하면 된다.

순서를 간략히 살펴보면 3단계로 나누어진다. 1단계는 준비단계로서 집에서 여러 서류를 작성하고, 2단계는 온비드 사이트에서 확인한 은행 계좌로 잔금 납부를 하고, 취·등록세 및 여러 가지 수수료를 신고·납부를 한다. 3단계는 우체국에 방문해서 '완성된 셀프등기 서류'를 해당 한국자산관리공사로 등기우편을 보내면 셀프등기가 완료되는 것이다.

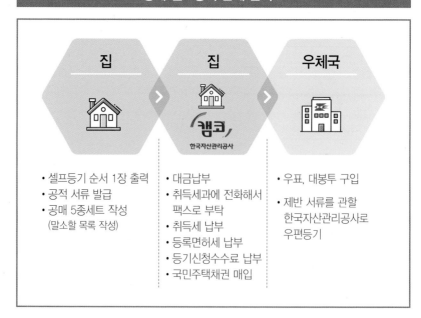

공매 셀프등기 단계 순서도

집	집	우체국
• 셀프등기 순서 1장 출력 • 공적 서류 발급 • 공매 5종세트 작성 　(말소할 목록 작성)	• 대금납부 • 취득세과에 전화해서 　팩스로 부탁 • 취득세 납부 • 등록면허세 납부 • 등기신청수수료 납부 • 국민주택채권 매입	• 우표, 대봉투 구입 • 제반 서류를 관할 　한국자산관리공사로 　우편등기

1. 준비 단계

먼저, ① **'공매 셀프등기 순서 1장' 파일을 출력한다.** 이 파일을 참고해 진행하면, 셀프등기를 더욱 신속·정확하게 진행할 수 있다.

② 소유권이전등기 서류인 부동산 등기부, 토지대장, 건축물대장 등의 **공적장부를 모두 출력**하고 이 서류를 통해 **'공매 5종 세트' 파일을 작성**한다. 작성한 파일을 출력해 도장(사인) 날인 후, 스캔이나 사진을 찍어 파일로 저장해놓는다.

'셀프등기 순서1장'
'공매 5종 세트 파일'

2. 온비드 인터넷 사이트에 접속

③ 온비드에 접속해서 **매각결정통지서, 입찰보증금영수증을 인쇄**하고 스캔을 해서 파일로 저장해둔다.

매각결정통지서 상단에 기재된 은행 계좌로 ④ **잔금을 납부**한다.

납부를 하고 30분 후 지난 후, **온비드에 ⑤ 잔대금완납증명서와 잔금납부영수증**이 생성되면 인쇄하고 스캔해서 파일로 저장해둔다.

온비드에서 출력 가능한 '매각결정통지서', '입찰보증금영수증', '대금완납증명서', '잔금납부영수증' 서류와 공매 5종 세트 서류에서 미리 작성한 '취득세 신고서', '등록면허세 신고서', '말소할 목록' 서류를 ⑥ 공매 물건 주소지 관할 시·군·구청 **부동산 취득세과에 팩스로 보낸다.** 해당 지자체 취득과에 팩스로 보낸 후, 다시 **내 팩스로 고지서를 받**

는다.

위택스(이택스)에도 납부고지서가 발급되었으니 인터넷으로 ⑦ **취득세와 등록면허세를 납부하고 납부내역서를 2부씩 출력한다.** 잔금일로부터 최대 60일까지 취·등록세를 신고·납부를 할 수 있기 때문에 일(업무 등)이 있다면 시간이 편한 다른 날에 진행이 가능하다.

⑧ 인터넷으로 **등기신청수수료를 납부하고 국민주택채권을 매입한다.**

3. 우체국

⑨ 우체국에 방문해 필요한 **우표와 대봉투를 구입**한 후, 해당 한국자산관리공사로 **셀프등기 서류를 등기우편으로 보내면 완료**된다.

이상과 같이 3단계로 간략히 셀프등기를 알아보았고, 단계별로 쉬운 설명과 실제 사진 및 예시를 통한 상세히 설명은 'PART 03. 공매 셀프등기 단계별 방법'에서 다루었으니 참고하면 될 것이다.

TIP 비슷한 시기에 여러 물건을 낙찰받은 경우의 셀프등기

만약 비슷한 시기에 여러 물건을 낙찰받는 경우, 활용 가능한 좋은 팁이 있어 여러분께 알려드리고자 한다.

취득세의 신고·납부 기한은 취득일부터 60일 이내에 과세관청에 신고·납부하면 된다. 공매의 경우 잔금 납부일이 취득일이므로, 잔금 납부한 날로부터 60일 이내에 취·등록세를 납부하면 된다. 경매 물건 또한 마찬가지다.

다음 사진을 보면 4개의 경매 물건의 셀프등기 서류가 있다. 서류마다 제일 앞 장에는 '부동산 소유권이전등기 촉탁신청서' 서류가 보인다.

4개의 경매 물건은 매각일과 매각을 진행한 법원이 모두 다르다. 따라서 낙찰일, 잔금 납부일, 취·등록세 고지서를 팩스로 받은 날짜도 모두 다르다.

하지만 취·등록세, 등기신청수수료, 국민주택채권 매입, 우표, 대봉투를 구입하거나 납부한 날은 동일하다. 또한 각 해당 경매계로 등기우편을 보낸 날 또한 모두 같은 날이다.

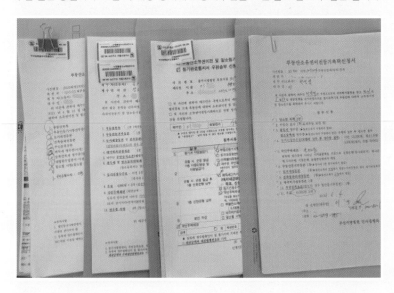

이것이 가능한 이유는 취득세 신고·납부를 잔금 기일로부터 60일 이내에 하면 되기 때문이다. 즉, 4개의 경매 물건의 낙찰일과 잔금 납부일은 다르지만, 취득세 납부 등은 동일한 날짜에 한 번에 같이 처리한 것이다. 이것은 셀프등기의 큰 장점일 것이다.

결론은, 비슷한 시기에 여러 경매 물건을 낙찰받은 경우에는 각 경매 물건을 낙찰받을 때마다 셀프등기를 진행하는 것보다는 이렇게 한 번에 셀프등기를 진행하는 것이 효율적이며, 필자의 노하우 중 한 가지 방법이다.

4개의 경매 물건 촉탁신청서를 동일한 날짜에 경매계로 등기우편으로 보내면서 '등기필증 우편송부신청서'를 같이 제출했으므로 '등기필 정보 및 등기완료통지서'가 집으로 등기우편으로 올 것이다.

다음 사진은 4군데 법원에서 각기 다른 날짜에 4개의 등기우편이 온 사진이다.

단, 소유권이전등기를 빠르게 하고자 한다면 잔금 납부를 하는 날 즉시 취득세를 납부하고, 다음 단계를 진행해야 할 것이다.

※ 공매의 경우에도 경매와 동일하게 적용이 가능하다.

 민법 제187조(등기를 요하지 아니하는 부동산 물권취득)

상속, 공용징수, 판결, 경매 기타 법률의 규정에 의한 부동산에 관한 물권의 취득은 등기를 요하지 아니한다. 그러나 등기를 하지 않으면 이를 처분하지 못한다.

PART
03

공매 셀프등기
단계별 방법

'셀프등기 순서 1장' 파일 출력

'셀프등기 순서 1장'

이제 단계별로 아주 자세히 알아보도록 하자.

먼저 진행 단계는 다음과 같다.

1. '셀프등기 순서 1장' 파일을 출력
2. 공부 서류를 발급
3. '공매 5종 세트 서류' 파일 작성
4. 온비드에서 낙찰 서류 인쇄
5. 잔금 납부
6. 온비드에서 잔금 납부 서류 인쇄

7. 취·등록세 고지서를 팩스로 받은 후 납부

8. 등기신청수수료 납부 / 국민주택채권 매입

9. 우표, 대봉투 및 최종 서류 정리

경험상 '셀프등기 순서 1장' 파일을 보면서 진행하는 것이 실수를 줄일 수 있어 결국 가장 빠르고 정확하게 등기를 할 수 있으니 꼭 이 셀프등기 순서 파일을 출력해서 시작하도록 하자!

[공매 셀프등기 순서 1장]

* 공매 셀프등기 순서도를 먼저 인쇄한다.

공부서류 발급받기
아래 표에 체크하면서 발급 받기.
* 등기부/토지대장(대지권등록부)/건축물대장/주민등본 발급받기

건물등기 /	토지등기 / 집합등기부	토지(임야)대장(대지권등록부)	건축물관리대장	주민등본
( )		( )	( )	( )
말소할목록	등기청구서	등기필증수령요청서	주택채권 매입	등기수수료
( )	( )	( )	( )	( )

공매5종세트 작성해서 출력 후. 도장(사인) 날인 후 스캔하여 파일로 생성
* 공매5종세트
 취득세 신청서. 등록면허세신청서. 말소할목록. 등기청구서. 등기필증수령요청서.

온비드 사이트 접속 - [매각결정통지서]. [보증금영수증] 인쇄 및 스캔

잔금납부 - 매각결정통지서 우측상단의 입금은행계좌 있음. 하단에 담당연락처 있음
담당자 연락해서 우표 값 물어보기. 정확해야 한다.
잔금납부 후 생성되는 [잔대금완납증명서]와 [영수증] 서류를 인쇄 및 스캔

취득세과에 팩스로 보내기 : 7장
해당 취득세과에 팩스로 서류 보내고 취·등록세 고지서를 팩스로 받는다.
[취득세신고서]. [등록면허세신고서]. [말소할목록]. [매각결정통지서]. [보증금영수증]. [잔
대금완납증명서] [영수증]

취득세. 등록면허세 납부 (위택스.이택스)

등기신청수수료 납부 : 소유권이전 15.000원. 말소 1건당3.000원

국민주택채권매입 즉시 매도하기
(취득세납부고지서에 나오는 시가표준액으로 쉽게 계산 가능하다.)

서류 맞춰서 우표 구입하여 동본하여 제출하면 끝.
실물서류도 꼭 취득세과로 보내야 한다.

공부 서류 발급

다음과 같이 필요 서류와 발급처를 기재했으니 쉽게 발급이 가능할 것이다.

필요서류	발급처	비고
건물/토지/ 집합 등기사항전부증명서	대법원 인터넷등기소	유료
토지(임야)대장/연명부/대지권	정부24	무료
건축물대장	정부24, 세움터	무료
주민등본(초본)	정부24	무료
말소할 목록	직접 작성	공매 5종 세트
등기필우편송부신청서	직접 작성	공매 5종 세트
등기청구서	직접 작성	공매 5종 세트
취득세, 등록면허세	시·군·구 취득세과	위택스로 납부, 고지서 출력해서 은행에서 납부, 인터넷은행도 가능
국민주택채권 매입	인터넷은행에서 납부	주택도시기금에서 매입 금액 확인

(공부서류 표시 좌측: 공부서류)

필 요 서 류	발 급 처	비 고
등기신청수수료	대법원 인터넷등기소	소유권이전 1건당 15,000원, 말소할 목록 1건당 3,000원
우표 2장(3장), 대봉투 2장		주소 직접 작성

'공매 5종 세트 서류'
파일 작성

시간을 절약하고 정확하게 하기 위한 방법으로, 공매는 '공매 5종 세트' 서류를 사용하고, 경매는 '경매 5종 세트' 서류를 사용한다.

'공매 5종 세트'

공매 5종 세트 + 위임장

공매의 경우에는 '공매 5종 세트' 서식을 사용한다.

① 취득세 및 등록세 신고서

② 등록에 대한 등록면허세 신고서

③ 말소할 목록

④ 등기청구서

⑤ 등기필증(권리증) 수령요청서

+) 위임장

+) 주택([ ]무상/[ ]유상거래) 취득 상세 명세서

'경매 5종 세트'
'위임장'

공매 5종 세트 파일을 참고해서 노란색으로 표시된 부분만 변경해서 사용하면 되며, 누구나 쉽게 작성이 가능할 것이다.

+) 공동낙찰인 경우에는 '위임장' 서식 1개가 더 추가된다.

+) 주택을 낙찰받은 경우라면, '주택([ ]무상/[ ]유상거래) 취득 상세 명세서' 서식 1개가 더 추가된다.

주택을 취득하는 경우, 소유주택 수에 따른 취득세를 중과 과세하기 위한 것으로 1세대가 소유하고 있는 주택현황을 기재하는 것이다. 참고로, 지자체에서 소유주택 현황을 정확히 파악하고 있음을 참고하자. 편하게 작성해서 제출하면 된다(2020. 8. 18 이후 주택을 취득하는 경우이며 토지, 상가를 낙찰받은 경우에는 필요 없는 서식이다).

취득세 및 등록세 신고서

| 관리번호 :   - | 팩스번호 :   0 5 0 4 - 7 7 7 - |

<small>취득세, 등록세 고지서 꼭 팩스로 부탁드립니다. 감사합니다.</small>

취득세 및 등록세 신고서

□ 기한내 신고   □ 기한후 신고

신고인	구 분	성 명 (법인명)	주민(법인) 등록번호	전화번호	주 소
	취득자 (신고자)	이○석	000000- 0000000	010-0000 -0000	부산 수영구 000 000동 000호
	전소유자				

취득물건 의 표시	인천광역시 강화군 대지 156.5㎡ 지분 (총면적 560㎡)

취득물건내역

취득물건	취득일자 (잔금일)	면적(배기량)	종류(지목/차 종)	용 도	취득(등기)원인	취득가액
토지	2021.6.29	156.5㎡	대지	주택부속토지	공매	111,560,000

☞ 부동산: 취득물건이 2개이상일 경우에는 별첨

세 목	과세 표준액	세율	산출세액①	감면세액 ②	기납부 세액 ③	가산세			신고세액 합계 (①-②-③+④)
						신고 불성실	납부 불성실	계④	
합 계									
취득세 신고세액		%							
등록세신 고세액 (취득 세) 부과분		%							
감면분		%							
등록세 신고세액		%							
지방교육세 신고세액		%							
농특세신고액 (등록세감면분)		%							

※ 구비서류
1. 취득가액 등(매매계약서, 잔금영수증, 법인장부등)을 증빙할 수 있는 서류 사본 각 1부
2. 감면신청서 1부   3. 비과세확인서 1부   4. 기납부세액 영수증 사본 1부   5. 위임장 1부(대리인에 한합니다)

| 「지방세법」 제120조제1항, 제150조의2제1항, 제260조의4, 동법 시행령 제86조제1항,
제104조의2제3항 및 「농어촌특별세법」 제7조의 규정에 의하여 위와 같이 신고합니다.

2021년 7월1일
신 고 인   이○석   (서명 또는 인)
전화번호 010-0000-0000

                                     귀하 | 접수(영수)일자인 |

위 임 장

위 신고인 본인은 위임받는 자에게 취득세 및 등록세신고에 관한 일체의 권리와 의무를 위임합니다.

위임자(신고인)   (인)

위 임 받는자	성 명		주민등록번호		위임자와의 관계	
	주 소				전화번호	

말소등록세 고지서도 같이 송부하여 주시기 바랍니다 (말소건수 : 1건)

■ 지방세법 시행규칙[별지 제9호서식] <개정 2017. 12. 29.>

(앞 쪽)

등록에 대한 등록면허세 신고서
[기한 내 신고( ) 기한 후 신고( )]

접수번호		접수일자		관리번호

신고인	① 성 명 (법인명)	② 주민(법인)등록번호	③ 주소(영업소)	④ 전화번호
	이O석	000000-0000000	부산 수영구 000 000동 000호	010-0000-0000

등기·등록물건 내역

⑤ 소 재 지	인천광역시 강화군			
⑥ 물 건 명	⑦ 등기·등록종류		⑧ 등기·등록원인	⑨ 등기·등록가액
	압류		소유권이전(말소건수 1 건)	3600원*말소건수

납부할 세액

세 목	⑩ 과세 표준	⑪ 세율	⑫ 산출 세액	⑬ 감면 세액	⑭ 기납부세액	가산세			신고세액 합 계 (⑫-⑬-⑭+⑮)
						신고 불성실	납부 불성실	⑮ 계	
합 계									
등록면허세		%							
지방교육세		%							
농어촌특별세		%							

※ 구비서류
1. 등록가액 등을 증명할 수 있는 서류(전세계약서 등) 사본 각 1부
2. 감면 신청서 1부
3. 비과세 확인서 1부
4. 기납부세액 영수증 사본 1부
5. 위임장 1부(대리인만 해당합니다)

「지방세법」 제30조 및 같은 법 시행령 제48조제3항에 따라 위와 같이 신고합니다.

신고인 이O석
대리인

2021년07월01일
(서명 또는 인)
(서명 또는 인)

접수(영수)일자인

시장·군수·구청장 귀하

위 임 장

위의 신고인 본인은 위임받는 사람에게 등록에 대한 등록면허세 신고에 관한 모든 권리와 의무를 위임합니다.

위임자(신고인) (서명 또는 인)

❋ 위임장은 별도 서식을 사용할 수 있습니다.

위임 받는 사람	성 명	주민등록번호	위임자와의 관계
	주 소		전 화 번 호

접수증(등록면허세 신고서)

신고인(대리인)	접수연월일	과세물건 신고내용	접수번호	
「지방세법」 제30조 및 같은 법 시행령 제48조제3항에 따라 신고한 신고서의 접수증입니다.			접수자	접수일
			(서명 또는 인)	

210mm×297mm[일반용지 60g/㎡(재활용품)]

말소할 등기의 표시 (말소할목록)

No.	접수년월일	접 수 번 호	말소할 등기(등기목적)	기타사항
1	2009 년 4 월 13 일	제 10581 호	압류	갑구
2				
3				
4				
5				
6				
7				
8				
9				
10				
11				
12				
13				
14				
15				

등 기 청 구 서

등 기 청구인	성 명	0 0 0	주민등록번호	000000-0000000
	주 소	부산 수영구 000 000동 000호		
체납자	성 명	0 0 0	주민등록번호	000000-0000000
	주 소	인천 연수구 연수동 000 000아파트 000동 000호		
재산의 표시		붙임 매각결정통지서에 기재됨		
매각결정 년월일		2021 년 6월 21일		
대금납부 년월일		2021년 6월 29일		
납 부 금 액		금 111,560,000원정		
취 등 록 세		금 원정		

위와 같이 공매에 의하여 본인이 매수하는 바 국세징수법 제79조에 의하여 소유권이전 등기의 촉탁을 청구합니다.

2021년 7월1일

청구인   이0석   (인)

한국자산관리공사 충북지역본부 귀중

등기필증(권리증) 수령요청서

(관리번호 : 2021-00000-002)

 귀사의 공매에서 매수한 위 물건의 등기완료 후 「등기필증」을 다음과 같이 수령하고자 합니다.

- 다   음 -

수 령 방 법	확 인 (체크표시)
본인이 귀사를 방문 직접 수령	
배달증명 우편으로 송부 요청	O

 단, 배달증명 우편으로 송부 요청할 경우에는 1회 발송으로 하고 반송될 경우에는 신청인이 귀사를 직접 방문하여 수령하도록 하겠으며, 「등기필증」의 발송에서 발생될 수 있는 분실 및 훼손 등의 사유로 야기될 수 있는 민·형사상의 모든 문제에 대하여는 귀사에 책임을 묻지 않겠습니다.

등기필증 수령지	부산 수영구 000 000동 000호
연 락 처 (꼭 기재해 주세요!)	010-0000-0000 이O석

2021년 7월 2일

신청인   이O석   (인)

위임장

위 임 장

위 임 자1	성 명	○○정	(인)	생년월일 : 740000-0000000
	주 소			
	전화번호	자 택 :		휴대전화 : 010-0000-0000

위 임 자2	성 명	○○남	(인)	생년월일 : 690000-0000000
	주 소			
	전화번호	자 택 :		휴대전화 : 010-0000-0000

대 리 인 (신청하러 오신분)	성 명	○○석	(인)	생년월일 :700000-0000000
	위임자와 의 관계	지 인		
	주 소			
	전화번호	자 택 :		휴대전화 : 010-0000-0000

본인은 위 대리인에게 부동산강제경매 2021타경0000 사건의
소유권이전등기등의 관련 일체 권한을 위임함.
부동산주소지 : 경상북도 포항시 남구 상도동 000-00번지

2021 년   7월   7일
위임자

○○ 정 (인감 인)

○○ 남 (인감 인)

주택취급상세명세서

■ 지방세법 시행규칙[별지 제3호서식 부표] 〈개정 2020. 8. 18.〉 (앞쪽)

주택 ([ ]무상 / [ ]유상거래) 취득 상세 명세서

① 주택 (증여자[ ] / 취득자[ ]) 세대 현황

① 취득자 구분	□ 개인		□ 법인 또는 단체		
② 세대 현황	구 분	세대주와의 관계	성명	주민등록번호(외국인등록번호)	1세대 포함 여부
※ 무상취득은 증여자 기준으로, 유상거래는 취득자 기준으로 적습니다.	세대주				□ 포함 □ 제외
					□ 포함 □ 제외
	세대원				□ 포함 □ 제외
					□ 포함 □ 제외

② 신규 취득 주택 현황

③ 취득 주택 소재지 및 별장·고급주택 여부	주 소				
	조정대상지역	□ 여 □ 부		별장·고급주택	□ 여 □ 부
④ 중과세 제외 주택 여부	□ 해당 없음 □ 해당 (「지방세법 시행령」 제28조의2제( )호의 주택)				
⑤ 취득 원인	□ 무상취득 / 유상거래 (□ 매매 □ 분양권에 의한 취득)				
⑥ 계약일			⑦ 취득일		
⑧ 취득 가격					
⑨ 취득주택 면적(m²)	총면적	토 지	취득지분	%	취득면적	토 지
		건 물		%		건 물
⑩ 일시적 2주택 여부	□ 일시적 2주택 □ 해당 없음				

③ 1세대 소유주택 현황 ※ 신규로 취득하는 주택을 포함합니다.

	소유주택 수	□ 1주택 □ 일시적 2주택 □ 2주택 □ 3주택 □ 4주택 이상				
	소유주택 현황	유 형	소유자	소재지 주소	취득일	주택 수 산정 포함 여부
⑪ 1세대 소유주택 현황		단독·공동주택				□ 포함 □ 제외
						□ 포함 □ 제외
	※ 기재사항이 많을 경우 별지로 작성할 수 있습니다.	'20.8.12. 이후 계약	주택 분양권			□ 포함 □ 제외
			주거용 오피스텔			□ 포함 □ 제외
		'20.8.12. 이후 취득	조합원 입주권			□ 포함 □ 제외
						□ 포함 □ 제외

* 「지방세법 시행령」 제28조의4제5항 각 호의 어느 하나에 해당하는 주택은 주택 수 산정 시 제외합니다.

④ 신규 주택 적용 취득세율

취득구분	중과세 제외 주택		무상취득		유상거래							
					법인 및 단체	개인						
규제구분	무상 취득	유상 거래	조정대상 지역	조정대 상지역 외 지역		조정대상지역			조정대상지역 외 지역			
총 소유주택 수 (신규 주택 포함)			3억 이상	3억 미만		1주택 일시적 2주택	2주택	3주택 이상	2주택 이하	3주택	4주택 이상	
⑫ 취득세율	3.5%	1~3%	12%	3.5%	12%	1~3%	8%	12%	1~3%	8%	12%	
	□	□	□	□	□	□	□	□	□	□	□	
별장·고급주택	□ ⑫ 취득세율에 8% 가산											

※ 향후 세대별 주택 수 확인 결과 신고내용과 다르거나 일시적 2주택으로 신고했으나 종전 주택을 기한 내에 처분하지 않은 경우 가산세를 포함하여 추가로 취득세가 부과될 수 있음을 확인합니다.

신고인 : (서명 또는 인)

※ 주택을 낙찰받은 경우라면 '공매 5종 세트' 서식 외에 이 서식도 같이 작성해서 제출해야 한다.

'공매 5종 세트' 파일 중에서 '말소할 목록'은 작성하는 방법을 반드시 알아야지만 작성이 가능하기에 먼저 작성 방법에 대해 자세히 알아보도록 하자.

말소할 목록 작성 방법

먼저 말소할 목록 작성을 위해서는 해당 부동산의 등기사항전부증명서가 필요하다(구 부동산 등기부등본).

공매가 진행되는 도중에도 언제든지 새로운 권리(채권)가 등기부에 새롭게 등재될 수 있기 때문에 가장 최근의 등기부를 발급받아서 말소할 목록을 작성해야 한다.

말소할 목록 서식은 정해진 것은 없지만, 접수연월일, 접수번호, 등기 목적은 반드시 기재되어야 한다. 미리 만들어둔 말소할 목록 파일을 통해 사용하면 매우 편리하다.

말소할 등기의 표시 (말소할 목록)

No.	(ㄱ) 접수년월일	(ㄴ) 접 수 번 호	(ㄷ) 말소할 등기(등기목적)	(ㄹ) 기타사항
1	2009 년 4 월 13 일	제 10581 호	압류	갑구
2				
3				
4				
5				

파일 다운로드 방법 : 필자의 블로그(https://blog.naver.com/envinara) 의 '셀프등기 파일 다운로드' 항목에서도 파일을 다운로드할 수 있다.

말소할 목록 기재 방법

파일 🔍

'말소할 목록'

순위번호	등 기 목 적	접 수	등 기 원 인	권리자 및 기타사항
2	1번 ▒▒화지분압류	2009년4월13일 제10581호	2009년4월7일 압류 (재산세과- 899)	권리자 국 처분청 서인천세무서

말소할 등기의 표시(말소할 목록) 파일에서,

(ㄱ) '접수연월일' 란에는 앞의 부동산 등기부의 '접수'에 표시된 날짜 2009년 4월 13일을 기재하면 된다. 등기원인의 날짜(2009년 4월 7일)가 아니니 주의하도록 하자.

(ㄴ) '접수번호' 란에는 부동산 등기부의 '접수' 날짜 하단에 기재된 제10581호를 기재하면 된다.

(ㄷ) '말소할 등기(등기목적)' 란에는 부동산 등기부의 '등기목적'에 기재된 채권권리를 기재하면 된다. 즉, 압류를 기재하면 된다.

(ㄹ) '기타사항' 란에는 갑구, 을구를 기재를 기재하거나, 여러 필지인 경우에는 필지를 기재하면 된다.

어려운 것 없이 기재가 가능할 것이다.

말소할 목록이 아닌 항목은 다음과 같다.

① 소유권 보존등기
② 소유권 이전등기
③ 말소된 권리 (빨간 줄이 그어져 있다)
④ 부기등기

참고로 공매의 경우, 공매개시결정 권리는 부기등기이기 때문에 말소할 목록에 기재하지 않아도 된다. 이에 반해, 경매개시결정 권리는 말소할 목록에 기재해서 말소해야 한다. 참고하도록 하자.

다음 장에서 실제 공매 물건을 가지고 말소할 목록을 직접 작성해보자.

사례 1) 지분인 경우, 부기등기가 있는 경우

등기사항전부증명서(말소사항 포함)
- 토지 -

고유번호 1245-1996-128661

[토지] 인천광역시 강화군 ▩▩▩▩▩▩▩▩▩

【 표 제 부 】		(토지의 표시)			
표시번호	접 수	소 재 지 번	지 목	면 적	등기원인 및 기타사항
1 (전 2)	1995년6월2일	인천광역시 강화군 ▩▩▩▩	도로	99㎡	
					부동산등기법 제177조의 6 제1항의 규정에 의하여 1999년 03월 11일 전산이기

【 갑 구 】		(소유권에 관한 사항)		
순위번호	등 기 목 적	접 수	등 기 원 인	권리자 및 기타사항

1-1	1번등기명의인표시 변경	2013년8월28일 제21693호	2013년5월20일 전거	▩용의 주소 서울특별시 마포구
2	1번▩▩화지분압류	2009년4월13일 제10581호	2009년4월7일 압류(재산세과- 899)	권리자 국 처분청 서인천세무서
2-1	공매공고	2020년5월27일 제15438호	2020년5월27일 공매공고(한국 자산관리공사 2019-▩▩▩-001)	
3	1번한용지분강제경 매개시결정	2012년6월5일 제14604호	2012년6월5일 인천지방법원의 강제경매개시결 정(2012타경 ▩▩▩)	채권자 이 원 ▩▩▩▩▩******* 서울특별시 양천구 ▩▩▩
4	1번▩▩용지분압류	2012년9월14일 제23683호	2012년9월13일 압류(재산세과- 5200)	권리자 국 처분청 마포세무서
5	3번강제경매개시결 정등기말소	2013년5월2일 제11242호	2013년4월29일 취하	
6	1번▩▩용지분압류	2016년11월1일 제27682호	2016년10월26일 압류(징수과-11 437)	권리자 서울특별시마포구
7	4번압류등기말소	2017년7월12일 제18499호	2017년7월12일 해제	

【 을 구 】		（ 소유권 이외의 권리에 관한 사항 ）		
순위번호	등 기 목 적	접 수	등 기 원 인	권리자 및 기타사항
1	갑구1번■■용지분전 부근저당권설정	2013년8월28일 제21694호	2013년8월28일 설정계약	채권최고액 금80,000,000원 채무자 ■■용 　서울특별시 마포구 　 근저당권자 ■■■현 ■■■■-****** 　서울특별시 양천구 　 공동담보 토지 인천광역시 강화군
1-1	1번근저당권공동담 보일부소멸			토지 인천광역시 강화군 화도면 ■■용지분에 대한 근저당권말소등기로 인하여 2015년8월13일 부기
1-2	1번근저당권공동담 보일부소멸			토지 인천광역시 강화군 화도면 ■■용지분에 대한 근저당권말소등기로 인하여 2017년10월27일 부기
1-3	1번근저당권공동담 보소멸			토지 인천광역시 강화군 화도면　　　　에 대한 근저당권말소등기로 인하여 2017년11월30일 부기

실제 한국자산관리공사의 부동산 공매 물건의 등기부 내용을 토대로 말소할 목록을 작성해보도록 하자.

　부동산 등기부는 【표제부】, 【갑구】, 【을구】로 나누어져 있고 【표제부】의 내용은 부동산의 주소, 지목, 면적 등을 표기하므로 말소할 권리와는 아예 관련이 없으니 신경 쓸 필요가 없다.

　【갑구】는 보통 소유권에 관한 사항이 기재되는데, '**소유권 보존**'이나 '**소유권이전**'은 말소할 목록이 아니며, 등기부에 **빨간 줄**이 그어져 있는 것은 말소되었다는 표시이므로 신경 쓸 필요가 없다.

　【갑구】의 순위번호 6번은 채무자가 아닌 타공유자(○용)의 권리이므로 말소할 목록이 아니다.

　【을구】는 소유권 이외의 권리 사항이 기재되는데, 이 등기부의 경우

에는 순위번호 1번 또한 타공유자(○용)의 권리이므로 말소할 목록이 아니다.

따라서【갑구】순위번호 2번의 압류 1건만 말소할 목록이 되는 것이다.

순위번호 1-1번과 2-1번은 공매 공고의 부기등기이기 때문에 말소할 목록이 아니다. 등기관의 직권 말소이기 때문이다. 따라서 **부기등기**를 말소할 목록에 기재해서 비용을 낭비하지 말도록 하자.

참고로 이러한 부기등기를 잘못해 말소할 목록에 기재한다면, 1건당 등록면허세 7,200원과 등기신청수수료 말소 1건 3,000원의 합인 총 10,200원을 손해를 보는 것이니 말소할 목록을 작성하는 방법은 매우 중요하다.

결론적으로,

① 지분 공매의 경우, 해당 채무자에 해당하는 권리만을 말소해야 한다.

② 부기등기의 경우, 말소할 목록에 해당하지 않음을 기억하자.

말소할 목록을 작성하는 경우,【갑구】와【을구】에서 말소할 권리를 찾아 작성하는 방법보다는 '주요 등기사항 요약'을 참고해서 작성한다면, 더욱 쉽게 말소할 목록을 작성할 수 있을 것이다.

주요 등기사항 요약 (참고용)

─────[주 의 사 항]─────

본 주요 등기사항 요약은 증명서상에 말소되지 않은 사항을 간략히 요약한 것으로 증명서로서의 기능을 제공하지 않습니다.
실제 권리사항 파악을 위해서는 발급된 증명서를 꼭 확인하시기 바랍니다.

[토지] 인천광역시 ▨▨▨▨▨▨▨▨ 99㎡

고유번호 1245-1996-128661

1. 소유지분현황 (갑구)

등기명의인	(주민)등록번호	최종지분	주　　　　소	순위번호
■종 (공유자)	-*******	6분의 1	인천 남동구	1
■종 (공유자)	-*******	6분의 1	서울 구로구	1
■용 (공유자)	-*******	6분의 1	서울특별시 마포구	1
■문 (공유자)	-*******	6분의 1	서울 강남구	1
■주 (공유자)	-*******	6분의 1	서울 구로구 개봉동	1
■화 (공유자)	-*******	6분의 1	인천 연수구 연수동	1

2. 소유지분을 제외한 소유권에 관한 사항 (갑구)

순위번호	등기목적	접수정보	주요등기사항	대상소유자
2	압류	2009년4월13일 제10581호	권리자 국	■화
2-1	공매공고	2020년5월27일 제15438호		■화
6	압류	2016년11월1일 제27682호	권리자 서울특별시마포구	■용

3. (근)저당권 및 전세권 등 (을구)

순위번호	등기목적	접수정보	주요등기사항	대상소유자
1	근저당권설정	2013년8월28일 제21694호	채권최고액 금80,000,000원 근저당권자 ▨▨	■용

말소할 목록이 정해졌다면, 다음과 같이 파일(엑셀, 한글 등)로 말소할 목록을 작성한다. 정해져 있는 서류는 없지만, 접수연월일·접수번호·등기 목적은 기재되어야 한다. 이 파일은 **'공매 5종 세트 파일'**에 있으니 활용하면 편리할 것이다.

말소할 등기의 표시 (말소할목록)

No.	접수년월일	접 수 번 호	말소할 등기(등기목적)	기타사항
1	2009 년 4 월 13 일	제 10581 호	압류	

말소할 목록은 '갑구' 순위번호 2번인 압류 1건이며, 위와 같이 작성했다.

이렇게 말소할 목록이 정확하게 작성이 완료되면, 이 목록을 토대로 2가지를 진행한다. ① 등기신청수수료를 납부하고, ② 등록면허세를 신고·납부한다.

따라서 말소할 목록이 틀리면 등기신청수수료와 등록면허세의 2가지 금액이 모두 틀리게 되므로 정확한 작성이 매우 중요하다.

① 등기신청수수료 금액은 토지 1필지이고, 말소할 목록이 1건이므로 15,000원 + 3,000원 = 18,000원이다. 등기신청수수료 납부 방법은 'PART 04. 등기신청수수료 납부 방법'에서 자세히 다룰 것이다.

대한민국 법원 인터넷등기소

등기신청수수료 등 전자납부 납부내역서 (납부자보관용)

등 기 소 명	■■■지방법원 ■■■등기소	관 서 계 좌	115335
납 부 금 액	18,000원	납 부 번 호	21-00-04049161-5
납부의무자(납부인) 성명	이■석	(주민)등록번호	■-*******
결 제 유 형	신용카드		

위와 같이 등기신청수수료가 전자납부 방식으로 납부되었음을 확인합니다.

[2021.06.28.] 22:39:33]

확인인
2021.06.28.

② 등록면허세의 경우에는 다음과 같이 1건이므로, 등록면허세 6,000원과 지방교육세의 20%인 1,200원의 합인 7,200원을 납부한 영수증이다.

등기신청수수료는 본인이 직접 계산해서 납부해야 하지만, 등록면허세는 취득세과에서 말소할 목록 건수에 해당되는 금액을 고지서를 통해 발급하기 때문에 계산하는 것이 아닌, 고지서에 부과되는 대로 납부하면 되는 것이다.

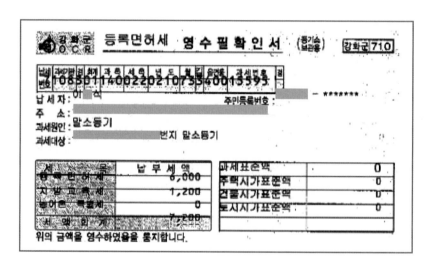

주의

최종적으로 토지 등기부를 발급하니 다음과 같이 처음의 등기부와 차이가 발생한 것을 확인했다. 하지만 부기등기이기 때문에 말소할 목록의 변경은 필요 없다.

참고로, 순위번호 2-1-1의 공매 공고경정의 내용은 공매 물건번호에 착오가 있어 이를 -001를 -002로 변경한 경정이다. 참고만 하면 된다.

주요 등기사항 요약 (참고용)

[주 의 사 항]

본 주요 등기사항 요약은 증명서상에 말소되지 않은 사항을 간략히 요약한 것으로 증명서로서의 기능을 제공하지 않습니다.
실제 권리사항 파악을 위해서는 발급된 증명서를 필히 확인하시기 바랍니다.

고유번호 1245-1996-12866

[토지] 인천광역시 ▦▦▦▦▦▦▦▦ 도로 99㎡

1. 소유지분현황 (갑구)

등기명의인	(주민)등록번호	최종지분	주　　　소	순위번호
▦종 (공유자)	-*******	6분의 1	▦▦▦▦▦	1
▦종 (공유자)	-*******	6분의 1	▦▦▦▦▦	1
▦용 (공유자)	-*******	6분의 1	▦▦▦▦▦	1
▦문 (공유자)	-*******	6분의 1	▦▦▦▦▦	1
▦주 (공유자)	-*******	6분의 1	▦▦▦▦▦	1
▦화 (공유자)	-*******	6분의 1	▦▦▦▦▦	1

2. 소유지분을 제외한 소유권에 관한 사항 (갑구)

순위번호	등기목적	접수정보	주요등기사항	대상소유자
2	압류	2009년4월13일 제10581호	권리자 국	▦화
2-1	공매공고	2020년5월27일 제15438호		▦화
2-1-1	공매공고경정	2020년6월17일 제18523호		▦화
6	압류	2016년11월1일 제27682호	권리자 서울특별시마포구	▦용

3. (근)저당권 및 전세권 등 (을구)

순위번호	등기목적	접수정보	주요등기사항	대상소유자
1	근저당권설정	2013년8월28일 제21694호	채권최고액 금80,000,000원 근저당권자 ▦▦▦▦	▦용

부기등기인 순위번호 2-1-1의 내용에 신청착오가 기재되어 있고 사건번호가 2019-0000-002로 되어 있다. 처음 사건번호는 2019-0000-001에서 -002로 공매 사건번호가 경정된 것이다.

| 2-1-1 | 2-1번공매공고경정 | 2020년6월17일
제18523호 | 2020년5월27일
신청착오 | 사건번호 한국자산관리공사 2019-■■■-002 |

사례 2) 토지의 경우

부동산 등기부 전체의【갑구】와【을구】에서 말소할 목록을 작성하기 보다는 다음과 같이 '주요 등기사항 요약'을 참고로 해서 말소할 목록을 작성하는 것이 더 편리하다. 권리사항(채권)이 일목요연하게 정리가 되어 있기 때문에 말소할 목록을 작성하는 데 매우 유용하다.

주요 등기사항 요약 (참고용)

【 주 의 사 항 】

본 주요 등기사항 요약은 증명서상에 말소되지 않은 사항을 간략히 요약한 것으로 증명서로서의 기능을 제공하지 않습니다.
실제 권리사항 파악을 위해서는 발급된 증명서를 꼭 확인하시기 바랍니다.

[토지] 경상남도 ■■■■■ 776 전 269㎡ 　　　고유번호 1953-1996-43644

1. 소유지분현황 (갑구)

등기명의인	(주민)등록번호	최종지분	주　　　소	순위번호
차■■ (소유자)	■■-*******	단독소유	부산광역시 ■■■■■	2

2. 소유지분을 제외한 소유권에 관한 사항 (갑구)

순위번호	등기목적	접수정보	주요등기사항	대상소유자
✔5	가압류	2018년7월19일 제10734호	청구금액 금56,000,000 원 채권자 ■	차■■
✔6	압류	2018년8월22일 제13562호	권리자 국	차■■

3. (근)저당권 및 전세권 등 (을구)

순위번호	등기목적	접수정보	주요등기사항	대상소유자
✔1	근저당권설정	2018년1월25일 제1324호	채권최고액 금60,000,000원 근저당권자 ■	차■■

앞의 '주요 등기사항 요약'을 살펴보면 차○○ 단독 소유이고 채무자가 모두 전 소유자이므로, 모든 채권 권리를 말소하면 되는 것이다. 등기사항 요약의 모든 채권을 말소할 목록에 기재했다.

접수연월일과 접수번호, 그리고 등기목적을 기재하고 기타사항에서【갑구】와【을구】를 구분해 기재했다.

말소할 등기의 표시 (말소할목록)

No.	접수년월일	접 수 번 호	말소할 등기(등기목적)	기타사항
1	2018 년 7 월 19 일	제 10734 호	가압류	갑구
2	2018 년 8 월 22 일	제 13562 호	압류	갑구
3	2018 년 1 월 25 일	제 1324 호	근저당권	을구
4				

이렇게 말소할 목록이 정확하게 작성이 완료되면 이 목록을 토대로 2가지를 진행한다. ① 등기신청수수료를 납부하고, ② 등록면허세를 신고·납부를 한다.

① 등기신청수수료 금액은 부동산 소유권이전 1건이고, 말소할 목록이 3건이므로 15,000원 + 9,000원(3,000원×3건) = 24,000원이다. 등기신청수수료 납부 방법은 'PART 04. 등기신청수수료 납부 방법'에서 자세히 다룰 것이다.

대한민국 법원 인터넷등기소	등기신청수수료 등 전자납부 납부내역서 (납부자보관용)		
등 기 소 명	창원지방법원 합천등기소	관 서 계 좌	145732
납 부 금 액	21,000원	납 부 번 호	20-00-02236093-2
납부의무자(납부인) 성명	이 █석	(주민)등록번호	████-*******
결 제 유 형	신용카드		
위와 같이 등기신청수수료가 전자납부 방식으로 납부되었음을 확인합니다.			확인인 2020.04.06.
2020.04.06			

대한민국 법원 인터넷등기소	등기신청수수료 등 전자납부 납부내역서 (납부자보관용)		
등 기 소 명	창원지방법원 합천등기소	관 서 계 좌	145732
납 부 금 액	3,000원	납 부 번 호	20-00-02286178-7
납부의무자(납부인) 성명	이 █석	(주민)등록번호	████-*******
결 제 유 형	신용카드		
위와 같이 등기신청수수료가 전자납부 방식으로 납부되었음을 확인합니다.			확인인 2020.04.08
2020.04.08			

2개의 등기신청수수료 납부내역서를 보면 2개 합친 금액이 24,000 원이다. 하지만 하단의 날짜를 보면 4월 6일과 4월 8일로 다른 날짜임을 알 수 있다. 그 이유로는 실제 등기신청수수료는 24,000원을 납부해야 하나, 단순 계산 실수로 인해 21,000원을 납부했고, 모자란 금액 3,000원을 다시 납부한 것이다.

이런 단순한 계산 실수로 인해 소유권이전등기 진행이 늦어지니, 실수를 하지 않도록 유의하도록 하자. 이러한 여러 가지 등기신청수수료 납부 실수의 최상의 해결 방법은 등기신청수수료 납부 방법은 'PART 04. 등기신청수수료 납부 방법'에서 자세히 다룰 것이다.

② 말소할 목록이 총 3건이므로 1건당 등록면허세 6,000원과 지방교육세의 20%인 1,200원이 발생하므로 3건은 총 21,600원이다.

아래의 실제 납부한 등록면허세 납부내역서 영수증을 참고하자.

과세표준:	0 원	시가표준액:	0 원
세 목	지방세	가산금	납 부 일
등록 면허세	18,000 원	0 원	
지방 교육세	3,600 원	0 원	2020년 04 월 06일
농어촌특별세	0 원	0 원	
계	21,600 원	0 원	
위 금액의 납부를 확인합니다.			

최종적으로, 소유권이 이전되고 등기부에 기재되어 있던 모든 채권
이 말소되어 있는 것을 확인할 수 있다.

주요 등기사항 요약 (참고용)

━━━━━━ [주 의 사 항] ━━━━━━

본 주요 등기사항 요약은 증명서상에 말소되지 않은 사항을 간략히 요약한 것으로 증명서로서의 기능을 제공하지 않습니다.
실제 권리사항 파악을 위해서는 발급된 증명서를 필히 확인하시기 바랍니다.

[토지] 경상남도 ▨▨▨▨▨▨ 776 전 269㎡   고유번호 1953 1996-43644

1. 소유지분현황 (갑구)

등기명의인	(주민)등록번호	최종지분	주 소	순위번호
이▨석 (소유자)	▨▨▨▨▨-*******	단독소유		7

2. 소유지분을 제외한 소유권에 관한 사항 (갑구)
   - 기록사항 없음

3. (근)저당권 및 전세권 등 (을구)
   - 기록사항 없음

부동산 등기부의 '주요 등기사항 요약' 발급 방법

소유자 변동이 크거나 공유자가 많은 경우, 현재의 권리관계를 파악하기에 어려움이 있기에 국민 누구나 등기부를 쉽게 이해할 수 있게 하는 사법 서비스로서, 2009년 1월 2일부터 개시되었다. 부동산 등기부를 발급받을 때 첨부 자료로서, 해당 등본에 공시하는 등기사항 중 현재 권리관계를 요약(소유 지분 현황, 갑구 사항, 을구 사항)한 것이다.

① 인터넷등기소에 접속해서 부동산 등기 - 발급하기에서 해당 부동산 등기부 결제를 완료하게 되면 다음과 같이 열람/발급/등기사항 요약란에서 **요약에 체크**하고 발급을 클릭하면 된다.

선택 ☐	N. O.	결제일시	열람발급 가능일시	부동산 고유번호	부동산 소재지번	(주민) 등록 번호	잔여/ 결제 통수	희망 발급 통수	열람/발급 /등기 사항요약	소재 지번 수정	결제취소 /확인서
☐	1	2021-06-24 16:48	2021-09-24 16:48	1841-996 -105384	[토지] 부산광 역시 부산진구	미공 개 변경	1/1통	1 ∨	발급 요약 ☑	수정	가능 확인서

테스트 등기사항증명서 출력 · 열람/발급 출력시 오류 조치방법

전부 현행

총 1건　　　　　　　　　　　　　1 (1/1)

② 키오스크(통합 무인발급기)에서 등기사항 요약표 발급 방법 역시 같은 방식으로 등기사항 **요약표 첨부에 체크**하고 발급받으면 된다.

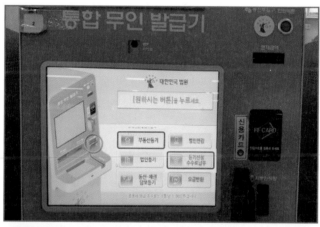

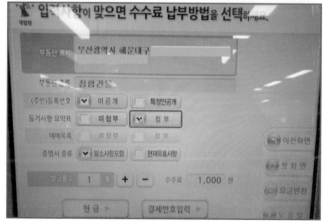

사례 3) 토지가 총 3필지인 경우

말소할 목록을 작성하는 경우, 자주 하게 되는 실수는 크게 2가지다.

첫 번째는 공유지분을 낙찰받은 경우, 채무자의 채권만 말소해야 하나, 간혹 다른 공유자의 채권까지 말소하는 경우가 있으니 주의를 요한다. 사례1)을 참고하자.

두 번째는 여러 필지를 낙찰받은 경우에 전체 필지의 등기부상 채무자에 해당하는 권리를 말소해야 하나 간혹, 1개의 필지만 말소하는 경우가 있으니 주의를 요한다.

아래 공매 물건은 3필지 토지를 낙찰받았다.

따라서 3필지(522, 523, 523-1번지) 각각 등기부를 확인해 채권을 말소해야 한다. 522번지의 말소할 목록은 9건이고, 나머지 2개 필지에서 말소할 채권이 18건이다. 따라서 총 27건의 채권을 말소해야 한다.

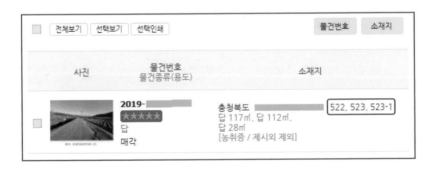

(3개 필지 모두 채권의 개수가 9개로 같아 522번지 필지의 등기부만 캡처)

주요 등기사항 요약 (참고용)

[주 의 사 항]

본 주요 등기사항 요약은 증명서상에 말소되지 않은 사항을 간략히 요약한 것으로 증명서로서의 기능을 제공하지 않습니다.
실제 권리사항 파악을 위해서는 발급된 증명서를 꼭 확인하시기 바랍니다.

[토지] 충청북도 ▩▩▩▩▩ 522 답 117㎡

고유번호 1544-1996-024856

1. 소유지분현황 (갑구)

등기명의인	(주민)등록번호	최종지분	주　　　　소	순위번호
김▩ (소유자)		단독소유	▩▩▩▩▩	1

2. 소유지분을 제외한 소유권에 관한 사항 (갑구)

순위번호	등기목적	접수정보	주요등기사항	대상소유자
2 (전 4)	압류	1995년6월26일 제15329호	권리자 국	김▩
3 (전 5)	압류	1996년8월19일 제13147호	권리자 근로복지공단	김▩
4 (전 6)	압류	1997년8월1일 제13253호	권리자 국민연금관리공단	김▩
5 (전 7)	압류	1998년4월23일 제6462호	권리자 국	김▩
6	압류	2002년6월5일 제12270호	권리자 광명시	김▩
7	가압류	2002년6월14일 제12844호	청구금액 금19,716,020원 채권자 서울보증보험주식회사	김▩
8	가압류	2002년7월5일 제14126호	청구금액 금98,817,860원 채권자 서울보증보험주식회사	김▩
9	가압류	2002년11월25일 제22577호	청구금액 금1,450,816원 채권자 서울보증보험주식회사	김▩
11	압류	2010년4월26일 제8032호	권리자 인천광역시	김▩

3. (근)저당권 및 전세권 등 (을구)
- 기록사항 없음

3개 필지 모두 채권의 개수가 각각 9건이므로,

① 등기신청수수료 금액은 부동산 3필지이고 말소할 목록이 필지별로 9건이므로 15,000 + 27,000원(3,000원×9건) = 42,000원으로 계산되고, 이 42,000원을 3번 납부해야 한다. 물론 42,000×3필지 = 126,000원 한 장으로 납부하는 것도 가능하다.

아래 납부내역서에서 볼 수 있듯이, 필자는 필지별로 납부했다.

대한민국 법원 인터넷등기소	등기신청수수료 등 전자납부 납부내역서 (납부자보관용)		
등 기 소 명	청주지방법원 ■■등기소	관 서 계 좌	095581
납 부 금 액	42,000원	납 부 번 호	20-00-02545619-9
납부의무자(납부인) 성명	이■석	(주민)등록번호	■■-*******
결 제 유 형	신용카드		

대한민국 법원 인터넷등기소	등기신청수수료 등 전자납부 납부내역서 (납부자보관용)		
등 기 소 명	청주지방법원 ■■등기소	관 서 계 좌	095581
납 부 금 액	42,000원	납 부 번 호	20-00-02545629-6
납부의무자(납부인) 성명	이■석	(주민)등록번호	■■-*******
결 제 유 형	신용카드		

대한민국 법원 인터넷등기소	등기신청수수료 등 전자납부 납부내역서 (납부자보관용)		
등 기 소 명	청주지방법원 ■■등기소	관 서 계 좌	095581
납 부 금 액	42,000원	납 부 번 호	20-00-02545621-2
납부의무자(납부인) 성명	이■석	(주민)등록번호	■■-xxxxxxx
결 제 유 형	신용카드		

② 말소할 목록의 기타란에 522, 523, 523-1번지를 표기했음을 확인할 수 있고, 말소는 총 27건이므로 납부해야 할 금액은 27건 × 6,000원 = 162,000원과 이것의 20%인 32,400원의 합인 194,400원이 등록면허세 금액이다.

등록면허세 영수필 확인서 (등기소 보관용) 괴산군 780

과산군 OCR

| 납세자관리번호 | 과목 | 세목 | 년 도 | 월 | 기 | 율변동 | 과세번호 | 검 |
| 020301140022020200434 | | | | | 00038285 | |

납 세 자: 이○○

주 소:

과세원인: 말소등기

과세대상: ○○○○○○○○ 말소등기 외 26건

주민등록번호: ○○○○○○ - *******

세 목	납 부 세 액	과세표준액	0
등록면허세	162,000	주택시가표준액	0
지방교육세	32,400	건물시가표준액	0
농어촌특별세	0	토지시가표준액	0
합 계 세 액	194,400		

위의 금액을 영수하였음을 확인합니다.

말소할 등기의 표시 (말소할목록) 522,523,523-1

No.	접수년월일	접 수 번 호	말소할 등기(등기목적)	기타사항
1	1992 년 6 월 25 일	제 8166 호	압류	갑구,523-1
2	1995 년 11 월 11 일	제 22887 호	압류	갑구,523-1
3	1996 년 8 월 19 일	제 13147 호	압류	갑구,523-1
4	2000 년 7 월 14 일	제 10375 호	압류	갑구,523-1
5	2002 년 6 월 5 일	제 12268 호	압류	갑구,523-1
6	2002 년 6 월 14 일	제 12844 호	가압류	갑구,523-1
7	2002 년 7 월 5 일	제 14126 호	가압류	갑구,523-1
8	2002 년 11 월 25 일	제 22577 호	가압류	갑구,523-1
9	2010 년 4 월 26 일	제 8032 호	압류	갑구,523-1
10	1995 년 6 월 26 일	제 15329 호	압류	갑구, 523
11	1996 년 8 월 19 일	제 13147 호	압류	갑구, 523
12	1997 년 8 월 1 일	제 13253 호	압류	갑구, 523
13	1998 년 4 월 23 일	제 6462 호	압류	갑구, 523
14	2002 년 6 월 5 일	제 12270 호	압류	갑구, 523
15	2002 년 6 월 14 일	제 12844 호	가압류	갑구, 523
16	2002 년 7 월 5 일	제 14126 호	가압류	갑구, 523
17	2002 년 11 월 25 일	제 22577 호	가압류	갑구, 523
18	2010 년 4 월 26 일	제 8032 호	압류	갑구, 523
19	1995 년 6 월 26 일	제 15329 호	압류	갑구,522
20	1996 년 8 월 19 일	제 13147 호	압류	갑구,522
21	1997 년 8 월 1 일	제 13253 호	압류	갑구,522
22	1998 년 4 월 23 일	제 6462 호	압류	갑구,522
23	2002 년 6 월 5 일	제 12270 호	압류	갑구,522
24	2002 년 6 월 14 일	제 12844 호	가압류	갑구,522
25	2002 년 7 월 5 일	제 14126 호	가압류	갑구,522
26	2002 년 11 월 25 일	제 22577 호	가압류	갑구,522
27	2010 년 4 월 26 일	제 8032 호	압류	갑구,522

사례 4) 등기부의 권리변경이 있는 경우

아래 등기사항 요약을 살펴보면 말소할 목록은 순위번호 4, 5, 6, 7, 9, 11의 6건이다. 순위번호 4-1, 11-1의 2건은 부기등기라서 말소할 목록이 아니다.

<table>
<tr><td colspan="6" align="center">주요 등기사항 요약 (참고용)</td></tr>
<tr><td colspan="6" align="center">[주 의 사 항]</td></tr>
<tr><td colspan="6">본 주요 등기사항 요약은 증명서상에 말소되지 않은 사항을 간략히 요약한 것으로 증명서로서의 기능을 제공하지 않습니다.
실제 권리사항 파악을 위해서는 발급된 증명서를 필히 확인하시기 바랍니다.</td></tr>
<tr><td colspan="6">[토지] 충청북도 ▨▨▨▨▨▨ 545 답 179㎡   고유번호 1545-1996-41661</td></tr>
</table>

1. 소유지분현황 (갑구)

등기명의인	(주민)등록번호	최종지분	주 소	순위번호
오▨▨(소유자)	▨▨▨-*******	단독소유	▨▨▨▨▨▨▨	2

2. 소유지분을 제외한 소유권에 관한 사항 (갑구)

순위번호	등기목적	접수정보	주요등기사항	대상소유자
4	압류	2014년4월18일 제11231호	권리자 음성군	오▨
4-1	공매공고	2016년8월3일 제27352호		오▨
5	압류	2014년10월21일 제31150호	권리자 음성군	오▨
6	압류	2015년1월16일 제1296호	권리자 국	오▨
7	가압류	2015년12월30일 제42384호	청구금액 금1,000,000,000 원 채권자 회생채무자 주식회사 드▨▨▨의 관리인 이▨▨	오▨
9	압류	2016년2월23일 제8598호	권리자 서울특별시강남구	오▨

3. (근)저당권 및 전세권 등 (을구)

순위번호	등기목적	접수정보	주요등기사항	대상소유자
11	(1)근저당권설정	2012년8월17일	채권최고액 금4,550,000,000원	오▨

1/2

출력일시 : 2016년09월01일 11시00분44초

순위번호	등기목적	접수정보	주요등기사항	대상소유자
		제26030호	근저당권자 주식회사동부저축은행	
11-1	근저당권이전	2015년7월9일 제21679호	근저당권자 주식회사신▨산업	오▨

하지만 다음 페이지의 말소등기 내역을 살펴보면 6건이 아닌 8건이다. 왜 그럴까?

다음 페이지 말소등기 내역의 ① 압류, 평창군, 2017년 11월 29일 권리와 ② 압류, 강남세무서 2018년 1월 22일 권리 총 2개의 권리는 앞의 등기부상의 공매 공고가 등재된 이후에 새롭게 등재된 채권 권리이기 때문이다.

공매 공고 등기부에 등재된 날이 2016년 8월 3일이고, 이날 이후에 새로운 권리(채권)가 발생해 등기부에 등기되었음을 알 수 있다. 따라서 말소할 목록이 8건인 것이다.

말소할 목록이 8개이므로 8개 × 6,000원 = 48,000원과 이의 20%인 9,600원을 합한 57,600원이 등록면허세다.

말소등기내역

충청북도 [   ] 545 답 179m²

권리내용	권리자	등기일	접수번호	세액	등기순위번호	비고
압류	음성군	2014.04.18	제11231호	7,200	갑구 4호	
압류	음성군	2014.10.21	제31150호	7,200	갑구 5호	
압류	충주세무서	2015.01.16	제1296호	7,200	갑구 6호	
가압류	회생채무자 주식회사 드래[ ]의 관리인 이[ ]	2015.12.30	제42384호	7,200	갑구 7호	
압류	서울특별시강남구	2016.02.23	제8598호	7,200	갑구 9호	
압류	평창군	2017.11.29	제35856호	7,200	갑구 10호	
압류	강남세무서	2018.01.22	제1783호	7,200	갑구 11호	
근저당권	주식회사신[ ]산업	2012.08.17	제26030호	7,200	을구 11호	

세액합계 : 57,600

소유권이 이전되고 등기부에 기재되어 있던 모든 채권이 말소되어 있는 것을 확인할 수 있다.

주요 등기사항 요약 (참고용)

[주 의 사 항]

본 주요 등기사항 요약은 증명서상에 말소되지 않은 사항을 간략히 요약한 것으로 증명서로서의 기능을 제공하지 않습니다.
실제 권리사항 파악을 위해서는 발급된 증명서를 필히 확인하시기 바랍니다.

고유번호 1545-1996-41661

[토지] 충청북도 [   ] 답 179m²

1. 소유지분현황 (갑구)

등기명의인	(주민)등록번호	최종지분	주 소	순위번호
이[ ]석 (소유자)	[ ]-*******	단독소유	[ ]	12

2. 소유지분을 제외한 소유권에 관한 사항 (갑구)
   - 기록사항 없음

3. (근)저당권 및 전세권 등 (을구)
   - 기록사항 없음

앞의 사례처럼 간혹 부동산 등기부에 공매 공고 기입등기가 등재된 이후, 즉 공매가 진행 중이거나 매각이 결정되는 그 기간 동안에도 언제든 채무자에게 새로운 압류 등의 채권(권리)이 부동산 등기부에 등재될 수 있다.

셀프등기를 진행하는 경우, 부동산 등기부를 발급받아야 하기 때문에 이렇게 채무자에게 새로운 권리가 등재되었더라도 확인이 가능하다. 새로운 권리를 확인했다면 말소할 목록에 기재해서 말소하면 아무 문제가 없다. 간단하게 해결할 수 있다.

⚠ 주의

만약 말소할 목록에 말소해야 할 권리(채권) 기재를 누락했거나 집행관청이 말소촉탁을 누락시킨 경우, 말소되어야 할 압류 등의 권리가 말소되지 않을 때가 있다.

이런 경우에는 낙찰자는 말소할 목록을 작성해서 ① 등록면허세를 납부하고, ② 등기신청수수료를 납부하고, ③ 다시 해당 한국자산관리공사에 말소등기의 촉탁을 신청하면 된다.

단, 낙찰자가 등기소로 직접 말소신청을 할 수는 없다.

이제 충분히 공매 물건의 말소할 목록 작성이 가능할 것이다. 말소할 목록에 대한 더 자세한 내용은 'PART 05. 말소할 목록 작성 시 자주 틀리는 3가지와 해결 방법'을 참조하면 된다.

이제 셀프등기의 다음 단계로 넘어가도록 하자.

지금까지 '셀프등기 순서 1장' 파일을 출력하고 공부 서류를 발급받아 '공매 5종 세트 서류' 파일을 작성했다.

그리고 말소할 목록 작성에 대해 자세히 알아보았다.

온비드에서
낙찰 서류 인쇄

온비드 사이트에 접속해 '나의 온비드'를 클릭한 후, 낙찰된 물건을
클릭한다.

낙찰된 물건을 클릭해 다음과 같은 과정을 거친다.

'낙찰 후 절차 안내' – '매각결정통지서 및 잔대금납부영수증 발급' – '매각결정통지서 발급'을 클릭해 인쇄하면 된다.

TIP 낙찰 서류 인쇄

1부씩 인쇄가 아닌 2부씩 총 4장을 인쇄하자.

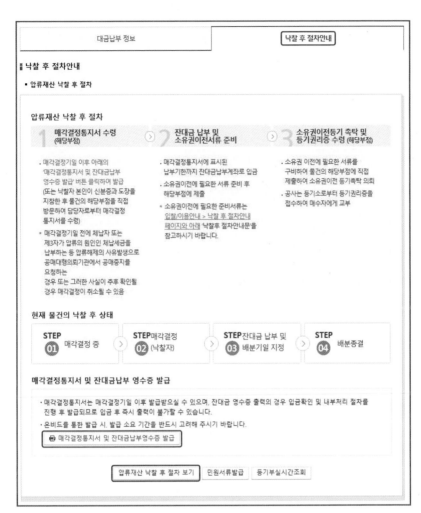

| 대금납부 정보 | 낙찰 후 절차안내 |

낙찰 후 절차안내

• 압류재산 낙찰 후 절차

압류재산 낙찰 후 절차

1 매각결정통지서 수령 (해당부점)
2 잔대금 납부 및 소유권이전서류 준비
3 소유권이전등기 촉탁 및 등기권리증 수령 (해당부점)

- 매각결정기일 이후 아래의 '매각결정통지서 및 잔대금납부 영수증 발급' 버튼 클릭하여 발급 (또는 낙찰자 본인이 신분증과 도장을 지참한 후 물건의 해당부점을 직접 방문하여 담당자로부터 매각결정 통지서 수령)
- * 매각결정기일 전에 체납자 또는 제3자가 압류의 원인인 체납세금을 납부하는 등 압류해제의 사유발생으로 공매대행의뢰기관에서 공매중지를 요청하는 경우 또는 그러한 사실이 추후 확인될 경우 매각결정이 취소될 수 있음

- 매각결정통지서에 표시된 납부기한까지 잔대금납부계좌로 입금
- 소유권이전에 필요한 서류 준비 후 해당부점에 제출
- * 소유권이전에 필요한 준비서류는 입찰/이용안내 > 낙찰 후 절차안내 페이지와 아래 '낙찰후 절차안내문'을 참고하시기 바랍니다.

- 소유권 이전에 필요한 서류를 구비하여 물건의 해당부점에 직접 제출하여 소유권이전 등기촉탁 의뢰
- 공사는 등기소로부터 등기권리증을 접수하여 매수자에게 교부

현재 물건의 낙찰 후 상태

STEP 01 매각결정 중
STEP 02 매각결정 (낙찰자)
STEP 03 잔대금 납부 및 배분기일 지정
STEP 04 배분종결

매각결정통지서 및 잔대금납부 영수증 발급

- 매각결정통지서는 매각결정기일 이후 발급받으실 수 있으며, 잔대금 영수증 출력의 경우 입금확인 및 내부처리 절차를 진행 후 발급되므로 입금 후 즉시 출력이 불가할 수 있습니다.
- 온비드를 통한 발급 시, 발급 소요 기간을 반드시 고려해 주시기 바랍니다.

🖶 매각결정통지서 및 잔대금납부영수증 발급

압류재산 낙찰 후 절차 보기   민원서류발급   등기부실시간조회

매각결정통지서	잔대금영수증
🖶 매각결정통지서 발급	

닫기

'매각결정통지서발급'을 클릭하면 매각결정통지서, 영수증(입찰보증금)을 인쇄할 수 있다. 인쇄(2부씩) 및 스캔하도록 하자.

1부는 취득세과에 등기우편으로 보낼 실물 서류로 사용하고, 1부는 한국자산관리 공사에 등기우편으로 보내야 한다.

한국자산관리공사

수신자   이█석
(경유)
제 목   매각결정통지서(서인천세무서 2019-███-002)

관리번호 : 2019-███-002 위임기관 : 서인천세무서	입금은행 : 우리은행 입금계좌번호 : 576-001831-18-889

매 각 결 정 통 지 서

	성 명 (상호)	██████	주민(법인)등록번호 (사업자등록번호)	████████
체납자	주 소 (사업장)	인천████		
매수인	성 명 (상호)	이█석	주민(법인)등록번호 (사업자등록번호)	████████
	주 소 (사업장)	████████████████		

공매(매각)재산의 표시	인천광역시 강화군 ██████ 도로 16.5㎡ 지분(총면적 99㎡)

매수대금(매각금액)	금████ (보증금 : 금████. 잔대금 : 금███)
매각결정기일	2021년 06월 21일 10:00
매수대금 납부기한	2021년 06월 28일	매수대금 납부촉구(최고)기한	2021년 07월 09일

국세징수법 제84조제3항 및 지방세징수법 제92조제3항에 의하여 위와 같이 통지하오니 매수대금을 납부하시고 공매재산을 취득하시기 바랍니다. 다만, 매수대금 납부 전에 체납자가 매수인의 동의를 얻어 체납액을 완납하는 경우 매각결정이 취소될 수 있으니 참고하시기 바랍니다.

2021년 06월 21일

한국자산관리공사 인천지역본부장

이█석 귀하

매각결정통지서에는 중요한 정보가 많다.

채무자와 매수인의 인적 사항과 오른쪽 상단에는 **잔금 납부할 은행명**과 **입금계좌번호**가 기재되어 있고, 하단에는 **잔금 납부할 금액**과 **잔금 납부 기한**(2021. 7. 9)이 기재되어 있으니 잔금 납부를 기한 내에 정확한 계좌로 납부하도록 하자.

그리고 **공매(매각)재산의 표시**가 되어 있다. 따라서 공매의 경우에는 '부동산의 표시'(=부동산목록)가 매각결정통지서에 기재되어 있으므로 따로 작성할 필요가 없다.

[매각결정통지서 주요 내용]
① 공매 사건번호
② 채무자와 매수인의 인적사항
③ 매각결정기일
④ **잔금 납부할 은행명과 입금계좌번호**
⑤ **잔금 납부할 금액과 잔금 납부 기한**(2021. 7. 9)
⑥ 공매(매각)재산의 표시

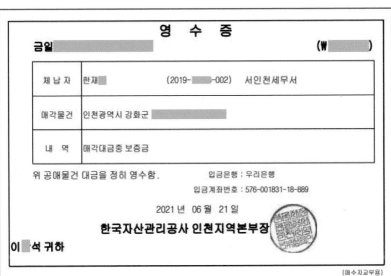

영 수 증

금일 ░░░░░░░░░░░░ (₩ ░░░░░░)

체 납 자	한재░░ (2019-░░░░-002) 서인천세무서
매각물건	인천광역시 강화군 ░░░░░░░░░░░░░░░░
내 역	매각대금중 보증금

위 공매물건 대금을 정히 영수함. 입금은행 : 우리은행

입금계좌번호 : 576-001831-18-889

2021 년 06 월 21 일

한국자산관리공사 인천지역본부장

이░석 귀하

(매수자교부용)

한국자산관리공사 인천지역본부
본부장

이 통지에 대한 문의사항이 있을 때에는 아래의 담당자에게 연락하시면 친절하게 상담해 드리겠습니다.

담당 ░곽░░ 팀장 이░░ 지역본부 본부장 06/17 임░░

협조자 [자점감사] 양░░

감사필 감사 감사번호 ( ) 회신일자

시행 인천지역본부-83285 (2021.06.21.) 접수 ( )

우 21558 인천광역시 남동구 예술로 212 / http://www.kamco.or.kr
전화 032-509-░░░ /전송 0502-927-░░░ / ░░@kamco.or.kr / 비공개(6)

영수증(입찰보증금) 하단에 해당 공매 물건을 담당하는 담당 성함과 연락처가 나오니 문의는 이쪽으로 하면 된다. 또한 하단에 해당 공매 물건을 관리하는 한국자산공사의 지점 주소지가 기재되어 있으니 최종적으로 셀프등기 서류가 다 갖춰지면 이 주소로 서류 일체를 보내면 된다.

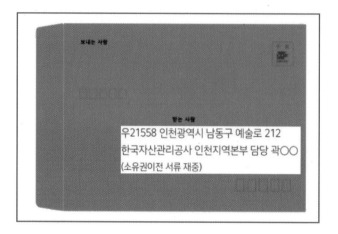

잔금 납부

81페이지의 '매각결정통지서' 우측 상단에 있는 계좌로 잔금을 납부한다.

잔금을 납부한 후, 공매 담당자에게 연락해 잔금 납부를 알리면 된다.

낙찰자 성함을 말해도 되고, 송금 금액을 말하면 보통 금방 확인이 가능하다. 또한, 사건번호로도 확인할 수 있다.

잔금 납부확인서(잔대금완납증명서, 대금완납영수증)를 빨리 온비드 사이트에 업데이트 해달라고 한다. 공매 담당자들은 보통 30분 정도 걸린다고 하지만, 몇 시간 걸리는 경우도 많다.

온비드에서 잔금 납부 서류 인쇄

확인서가 온비드 사이트에 업로드가 되면 아래와 같이 온비드 사이트에 '잔대금영수증발급'이라고 생성된다.

이를 클릭해서 인쇄 및 스캔을 해서 미리 준비해둔 서류와 함께 취득세과에 팩스로 보내면 되는 것이다.

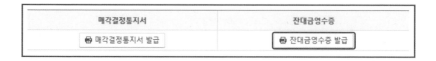

매각결정통지서	잔대금영수증
🖨 매각결정통지서 발급	🖨 잔대금영수증 발급

'잔대금완납증명서'와 '잔금납부영수증', 2개의 서류를 인쇄(각 2부씩) 및 스캔해야 한다.

한국자산관리공사

수신자   이█석

(경유)

제 목   잔대금완납 (서인천세무서 2019-█████-002 ███████)

　　　　1. 귀하의 무궁한 발전을 기원합니다.

　　　　2. 위 체납자 압류재산에 대하여 매각대금 중 잔대금이 납부되었음을 확인하고
붙임과 같이 영수증을 교부합니다.

붙임 : 잔대금영수증 각 1부. 끝.

＊ 매수대금 납부일로부터 60일 이내에 소유권이전등기를 완료하지 않는 경우에는 관련 법률에 의하여
　 과태료가 부과될 수 있습니다.

＊ 매수대금 완납 후 소유권이전 미신청 시 압류말소 등으로 귀하의 재산상 손실이 발생할 수도 있으
　 니 조속한 시일 내 소유권이전등기 신청하시기 바랍니다.

영수증(잔금 납부 영수증)

영 수 증

금일 ▓▓▓▓▓▓▓▓▓▓▓▓▓▓▓▓   (₩ ▓▓▓▓▓▓▓▓

체 납 자	▓▓▓▓ (2019-▓▓-002) 서인천세무서
매각물건	인천광역시 강화군 ▓▓▓▓▓▓▓▓▓
내 역	매각대금중 잔대금

위 공매물건 대금을 정히 영수함.

입금은행: 우리은행
입금계좌번호: 576-001831-18-889

2021년 07월 01일
한국자산관리공사 인천지역본부장

이▓석 귀하

한국자산관리공사 인천지역본부
본부장

이 통지에 대한 문의사항이 있을 때에는 아래의 담당자에게 연락하시면 친절하게 상담해 드리겠습니다.

담당 곽▓▓ 팀장   07/01 이▓▓

협조자

감사필   감 사   감사번호 (   ) 회신일자

시행   인천지역본부-89367   (2021.07.01.   ) 접수   (   )

우 21558   인천광역시 남동구 예술로 212   / http://www.kamco.or.kr

전화 032-509-▓▓▓   /전송 0502-927-▓▓▓   / ▓▓@kamco.or.kr   / 비공개(6)

취·등록세 고지서를
팩스로 받은 후 납부

미리 작성한 '공매 5종 세트' 파일 중에서 ① **'취득세 신고서'**, ② **'등록면허세 신고서'**, ③ **'말소할 목록'**의 3개 파일과 온비드 사이트에서 출력한 ④ **'매각결정통지서'**, ⑤ **'입찰보증금 영수증'**과 ⑥ **'대금완납증명서'**, ⑦ **'잔금 납부 영수증'**을 공매 물건 주소지 관할 시·군·구청 부동산 취득세과에 전화해 양해를 구하고 팩스로 보낸다. 해당 지자체 취득과에 팩스로 보낸 후, 다시 내 팩스로 고지서를 받는다. 위택스, 이택스에도 납부고지서가 발급되었으니 인터넷으로 취득세와 등록면허세를 납부하고 납부내역서를 2부씩 출력한다.

잔금일로부터 최대 60일까지 취·등록세를 신고·납부를 할 수 있으므로 일(업무 등)이 있다면 시간이 편한 다른 날에 진행이 가능하다.

◆ 팩스 보낼 서류 List ◆

① 취득세 신고서

② 등록면허세 신고서

③ 말소할 목록

④ 매각결정통지서

⑤ 입찰보증금 영수증

⑥ 대금완납증명서

⑦ 잔금납부 영수증

※ 간혹, 취득세과에서 주민등록증을 요구하거나 다른 서류를 요구
　 하는 경우도 있다.

취득세와 등록면허세는 지방세이므로 신고·납부는 부동산 소재지
의 시·군·구청의 부동산 취득세과에서 진행하면 된다.

　예를 들어,

　① 경북 군위군 군위읍 외량리 물건을 낙찰받고 셀프등기 시에는 경
북 군위군청의 부동산 취득세과에서 진행하면 되고,

　② 전남 목포시 창평동 물건은 목포시청 부동산 취득세과,

　③ 경북 포항시 남구 상도동 물건은 포항시 남구청 부동산 취득세과
이다.

　직접 시·군·구청의 부동산 취득세과로 찾아가서 셀프등기를 하는
것은 너무나도 비효율적이기 때문에 직접 해당 시·군·구청의 부동산
취득세과에 전화를 걸어서 팩스로 신고서를 접수하고, 고지서 역시 팩

스로 요청하면 된다.

이와 같이 하면 대부분은 요청을 들어준다. 간혹 팩스로는 고지서 발급은 어렵고, 신고서를 등기우편으로 보내면 서류를 보고 고지서를 발급해주겠다는 지자체도 있으니 참고하자.

대부분의 지자체에서는 팩스로 해주는 편이다. 대신 실물 서류는 꼭 등기우편으로 취득세과에 보내도록 하자.

팩스를 보내고 팩스로 고지서를 받게 되면 2가지를 확인해야 한다.

첫째, 취득세와 등록면허세의 금액이 맞는지 확인해야 한다. 그 금액이 틀리다면 즉시 전화로 문의하면 된다.

둘째, 필히 등록면허세 고지서가 팩스로 왔는지 확인해야 한다.

간혹 취득세과에서 취득세 고지서만 부과하는 경우가 있다. 이런 경우 즉시 전화 연락을 해 등록면허세 고지서를 부탁해야 한다.

참고로 '공매 5종 세트' 파일 중 '취득세 및 등록세 신고서' 파일 하단에 큰 글씨로 "말소등록세 고지서도 함께 송부해주시기 바랍니다(말소건수 : ○○건)"라고 기재되어 있는 것은 많은 경험에 의한 필자의 노하우라고 하겠다.

고지서가 팩스로 왔다면 위택스(이택스)에도 취·등록세 고지서가 생성되어 있다. 위택스 홈페이지(www.wetax.go.kr)에 납부하기를 클릭하면 취득세와 등록면허세 금액이 나와 있으니 인터넷으로 납부하면 된다.

납부한 후 납부영수증은 2부씩 인쇄하는 것도 하나의 팁이다. 1부는 촉탁등기를 위해 사용하고, 1부는 향후 부동산 매매를 하는 경우 양도소득세 절감을 위한 필요 경비로 사용해야 하기 때문이다. 그러니 필히 2부씩 인쇄해야 한다.

물론 위택스를 통한 납부가 아닌 다른 방법으로 납부해도 상관없다. 고지서를 출력해서 은행 창구에서 납부하거나 신용카드로 ATM 기기에서 납부하는 방법 또는 인터넷 은행 홈페이지에서 납부 등의 다양한 방법이 있지만, 셀프등기의 취지에 맞게 위택스를 통한 납부 방법을 추천한다.

이제 취득세와 등록면허세를 납부했으니 셀프등기의 다음 단계로 넘어가도록 하자.

모바일 팩스 앱

셀프등기를 진행하면 모바일 팩스는 선택이 아닌 필수다. 활용도가 매우 높은 앱이다. 이 외에도 경·공매를 하면서 활용도가 높은 앱은 많다. 항상 변화에 적응하도록 하자. 필자도 경·공매의 부동산 투자에 관련된 앱 제작에 관심이 많다.

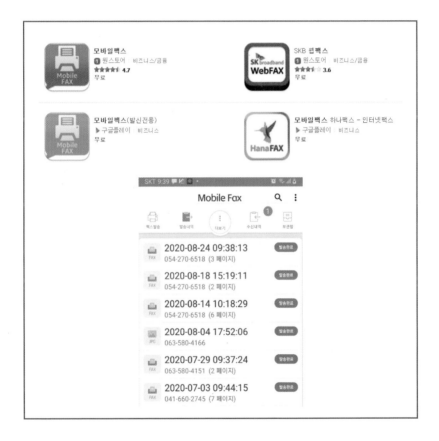

이제 충분히 등기신청수수료 납부가 가능할 것이다. 셀프등기의 다음 단계로 넘어가도록 하자.

지금까지 '셀프등기 순서 1장' 파일을 출력하고 공부 서류를 발

급받아 '공매 5종 세트 서류' 파일을 작성했다(말소할 목록 작성).

그리고 잔금 납부를 했고 취득세와 등록면허세를 납부했다.

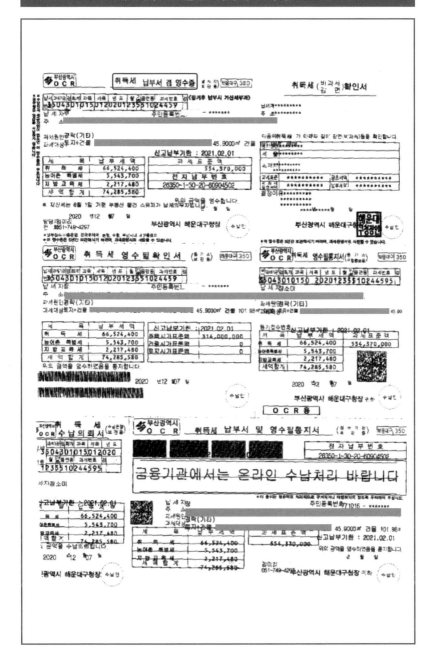

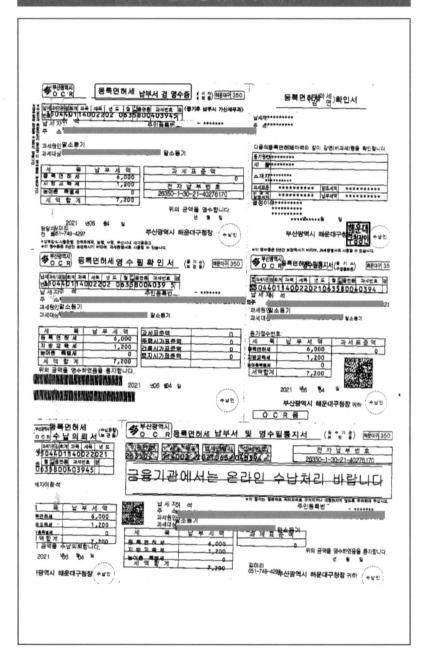

위택스 홈페이지에서 납부하기를 클릭하면 납부해야 할 취득세와 등록면허세의 고지서가 검색되며, 이를 납부하면 된다.

	세목	구분	납세자명	금액	납기일	관할자치단체	전자납부번호
☐	등록면허세(등록)	신고	▦▦▦	▦▦원	무관	부산 부산진구	26230-1-30-21-9-0386581
☐	취득세(부동산)	신고	▦▦▦	▦▦원	21.08.23	부산 부산진구	26230-1-30-21-9-0386580

납부한 후, 납부결과 – 납부확인서를 클릭해 영수증을 2부 출력해 1부는 법원에 제출하고, 1부는 향후 양도소득세 필요 경비로 사용하면 된다.

취득세(등록면허세) 납부확인서

납세 번호	기관	검	회계	과목	세목	과세연도	월	구분	읍·면·동	과세번호	검
	730	6	30	101	501	2021	04	3	350	008308	5

전자납부번호　48730-1-30-21-▨▨▨▨

성명(법인명):　▨▨▨　　　　　주민(법인·외국인)등록번호: ▨▨▨-*******

주소(영업소):　▨▨▨▨▨

등기(등록) 원인:　경락(기타)

등기(등록) 물건:　토지 ▨▨▨▨▨ 번지 66.0000㎡ 경락공매

과세표준:　　4,370,000 원　　시가표준액:　　　6,500,131 원

세 목	지방세	가산금	납 부 일
취 득 세	43,700 원	0 원	
지방 교육세	4,370 원	0 원	2021년 06 월 04일
농어촌특별세	8,740 원	0 원	
계	56,810 원	0 원	

위 금액의 납부를 확인합니다.

2021 년 06 월 25 일

함　안　군

담당자	조	전화번호	055- 580-▨▨

취득세(등록면허세) 납부확인서

납세 번호	기관	검	회계	과목	세목	과세연도	월	구분	읍·면·동	과세번호	검
	730	6	30	114	002	2021	04	3	350	007449	1

전자납부번호	48730-1-30-21-8-■■■■

성명(법인명): ■■■■   주민(법인·외국인)등록번호: ■■■■-******

주소(영업소): ■■■■■■■■■

등기(등록) 원인: 말소등기

등기(등록) 물건: ■■■■■■번지 말소등기 외 2건

과세표준: 0 원   시가표준액: 0 원

세 목	지방세	가산금	납 부 일
등록 면허세	18,000 원	0 원	
지방 교육세	3,600 원	0 원	2021년 06 월 04일
농어촌특별세	0 원	0 원	
계	21,600 원	0 원	

위 금액의 납부를 확인합니다.

2021 년 06 월 25 일

함 안 군

담당자		전화번호	055- 580-■■

취득세

과세 대상 물건(토지, 건축물, 차량 등)을 취득한 자는 취득세의 납세자다. 취득세의 과세 표준은 경매 낙찰 가격이다. 단, 대항력 있는 임차인의 보증금을 인수하는 경우에는 그 보증금 금액 또한 취득세를 부과한다.

과세표준 : 취득자가 신고한 취득 당시의 가액. 단 신고가액이 없거나 신고가액이 시가 표준액보다 적을 때는 그 시가표준액으로 함.

※ 국가 등과 거래, 수입, 공매, 판결문, 법인장부, 실거래가 신고·검증 등으로 사실상 취 득가격이 입증되는 경우는 그 가격을 과표로 바로 적용

신고납부 : 과세 대상 물건을 취득한 날로부터 60일 이내에 관할 구청에 신고하고 납부 해야 하며, 신고·납부하지 않을 경우, 신고·납부 의무 위반 정도에 따라 10~40%의 가 산세를 부과한다.

지방세 납세자가 지정된 기한까지 지방세를 완납하지 않은 경우, 체납자에게 독촉하고 재산을 압류한 후, 압류한 재산을 공매해 그 매각대금으로 체납된 지방세를 징수한다 (취득세, 등록면허세 모두 해당).

등록면허세

재산권과 그 밖의 권리 설정·변경·소멸에 관한 사항을 공부에 등기·등록할 때 부과하 는 지방세로서, 공부에 등기·등록을 하는 자가 납세자다.

부동산 등기부에 있는 채권을 말소하기 위한 비용이라고 생각하면 좀 더 이해가 쉬울 것이다. 비용은 6,000원과 20%의 지방교육세 1,200원을 합해서 1건당 총 7,200원이 발생한다. 즉, 말소할 목록이 1건이라면 등록면허세는 6,000원과 지방교육세 1,200원 의 합인 7,200원이다.

취득세, 등록면허세를 납부하는 다른 방법

취득세, 등록면허세를 납부하는 방법에는 여러 방법이 있지만, 추천하는 것은 위택스에 접속해 인터넷으로 편하게 납부하는 방식이다. 하지만 상황에 따라 다른 방법 또한 언제든 가능할 것이다. 자신의 상황에 맞게 납부하면 될 것이다.

1. 은행 ATM(현금자동인출기) 기기를 이용하는 방법

ATM 기기 화면에서 국세/지방세를 클릭한 후 지방세를 납부하면 되는 방식으로 매우 간편하다.

ATM 기기에서 취득세, 등록면허세를 납부하고 영수증을 출력한다. 이 영수증으로는 법원에 제출할 수 없으므로 이 영수증을 지참해 은행 창구를 방문해서 취득세, 등록면허세 고지서에 은행의 수납확인필 도장을 받은 후에 제출해야 한다.

ATM 영수증

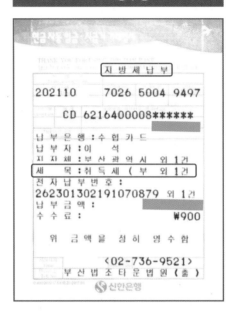

고지서에 수납확인필 도장을 받아야 함

주의

간혹 은행창구에서 수납확인필 도장을 찍어주지 않은 경우가 있을 것이고 이럴 경우에는 다음과 같은 방법을 사용하면 된다.

위택스 홈페이지에 접속하면 아래와 같이 전자납부번호 19자리를 기재하고 조회를 클릭하면 본인의 생년월일을 기재한 후 검색을 클릭하면, 납부확인서를 출력할 수 있다.

로그인이 필요없기 때문에 매우 유용하다. 즉, 어떤 컴퓨터에서도 로그인 없이 사용가능한 방법이니 유용할 것이다.

참고로, 전자납부번호 19자리는 고지서에 기재되어 있다.

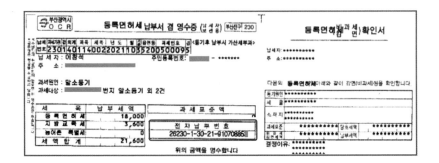

2. 은행 홈페이지에서 납부하는 방법

은행 홈페이지에 접속해 공과금 항목에서 공과금조회/납부를 클릭

해서 납부하는 방식으로 매우 간편하다.

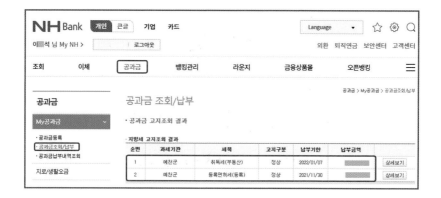

참고로, 취득세, 등록면허세 신고 방법도 팩스가 아닌 위텍스에서 직접 신고하는 방법이 있으나 전 소유자의 인적사항(주민등록번호 등)을 알아야 하고, 파일은 JPG만 가능하며, 파일만 3개 첨부할 수 있는 등의 불편함이 있기 때문에 책에는 기재하지 않고 필자의 블로그에 방법 글을 올렸으니 참고하며 된다.

여러모로 취·등록세 신고와 납부는 위텍스로 하는 것이 여러모로 편리할 것이다.

등기신청수수료 납부,
국민주택채권 매입

전(前) 단계에서 취·등록세를 납부했다면, 다음 단계인 등기신청수수료를 납부하고 국민주택채권을 매입하면 셀프등기 마무리가 된다.

등기신청수수료 납부와 국민주택채권 매입은 중요한 부분이라 따로 PART 04와 PART 06으로 나누어서 자세히 설명하도록 하겠다.

우표, 대봉투 및
최종 서류 정리

필요한 우표와 대봉투를 구입한 후, 소유권이전등기에 필요한 모든 서류를 챙겨서 해당 한국자산관리공사로 우편등기를 보내면 **셀프등기가 최종적으로 완료된다.**

자세한 내용은 PART 07에서 확인하자.

등기신청수수료
납부 방법
– '인터넷등기소 홈페이지'

등기를 하려는 사람은 대법원규칙으로 정하는 바에 따라 수수료를 납부해야 한다.

등기신청수수료(구 등기수입증지)

등기신청수수료의 납부는 ① 그 수수료 납부 영수증을 등기신청서에 붙여 제출하거나, ② 현금 수납 금융기관에 현금으로 납부하거나 인터넷뱅킹을 이용해 납부한 후, 이를 증명하는 서면을 등기신청서에 첨부해 제출하는 방법으로 해야 한다. 다만, 2013년 5월 1일 자로 국민 편의의 증진과 행정업무의 효율성 제고를 위해 현물 방식의 등기수입증지가 폐지되고, 은행 현금 납부, 인터넷등기소 전자 납부, 수수료 납부 기능이 있는 무인발급기 납부 방식으로 등기신청수수료 납부 방법이 변경되었다.

등기신청인, 대리인신청

등기신청 시 신청수수료는 등기신청인이 납부해야 한다.

대리인도 등기신청인의 인적사항(성함, 주민등록번호)을 기재해 납부가 가능하다.

부동산 등기신청수수료액표

부동산 등기신청수수료액표를 참조하면 소유권이전등기 수수료는 15,000원, 말소등기는 3,000원이다.

등기신청수수료
납부 방식 3가지

1. 인터넷으로 납부

대법원 인터넷등기소(www.iros.go.kr)에 회원으로 가입해 전자납부 방식으로 납부한 후, 출력한 영수필확인서를 등기신청서에 첨부해 제출하면 되며, 필자가 추천하는 방법이다.

2. 키오스크(무인발급기) 납부

등기과(소)에 설치된 무인발급기를 이용해 납부한 후, 출력된 영수필확인서를 등기신청서에 첨부해 제출하면 된다. 단, 무인발급기는 수수료 수납기능이 있어야 하며, 2021년 7월 16일부터 카드 결제도 가능하다.

3. 은행에서 납부

등기신청수수료 납부가 가능한 은행에 직접 방문해 납부한 후, 은행에서 발급받은 등기신청수수료 영수필확인서를 등기신청서에 첨부해

제출하면 된다.

추천하는 것은 1번으로 대법원 인터넷등기소(http://www.iros.go.kr)에 접속해 인터넷으로 편하게 납부하는 방식이다. 하지만 상황에 따라 다른 방법 또한 언제든 가능할 것이다. 자신의 상황에 맞게 납부하면 될 것이다.

부동산 투자 및 경매·공매 투자를 하다 보면 항상 행정적인 부분은 시대에 따라 계속해서 개선되고 변하기 때문에 정답은 없을 것이다. 가장 실무와 이론이 잘 어우러져 있는 것을 선택하는 것이 최선의 선택이다.

등기신청수수료
금액 계산

등기신청수수료는 등기신청인이 납부해야 한다. 대리인도 등기신청인의 인적사항(성함, 주민등록번호)을 기재해 납부가 가능하다.

등기사항증명서 등 수수료 규칙

제5조의 2(부동산 등기 신청수수료)

① 다음 각 호의 1에 해당하는 부동산 등기의 신청(촉탁을 포함한다. 이하 같다)수수료는 부동산마다 15,000원으로 한다.

② 제1항의 경우를 제외한 나머지 부동산 등기의 신청수수료 및 한국주택금융공사가 '한국주택금융공사법' 제28조의 규정에 의해 취득한 저당권에 대해 위 공사를 등기권리자로 하는 저당권이전등기의 신청수수료는 부동산마다 3,000원으로 한다.

등기신청수수료는 소유권이전등기촉탁신청 비용과 (근)저당권 등의 채권을 말소하기 위한 신청 비용이며, 부동산 등기신청 수수료액표를 참조하면 소유권이전등기 수수료는 15,000원, 말소등기는 3,000원이다.

등기신청수수료 금액은 다음과 같이 계산하면 된다.

소유권이전 수수료 1필지당 15,000원에

말소할 목록 건당 3,000원을 계산한 금액을 위 금액에 합하고

그 금액이 최종 등기신청수수료의 금액이 된다.

즉, 1개 필지를 소유권이전 하고, 말소할 목록이 1건이라면,

등기신청수수료 금액은,

1개 필지 소유권이전수수료 15,000원에

말소할 목록(말소할 권리)이 1건이므로

1건 × 3,000원 = 3,000원이고 위 금액과 합인 18,000원이

최종 등기신청수수료 금액이 된다.

5가지 유형을 통해 등기신청수수료 금액 계산하기

ex 1 부동산 1필지를 낙찰받아 말소할 목록이 11건이라고 가정하면, 소유권이전을 위한 등기신청수수료 금액은 15,000원(소유권이전 1필지 금액) + 33,000원(말소할 목록 11건 × 3,000원) = 48,000원

48,000원이 등기신청수수료로 납부해야 할 금액이다.

ex 2 부동산 1필지를 낙찰받아 말소할 목록이 2건이라고 가정하면, 소유권이전을 위한 등기신청수수료 금액은 15,000원(소유권이전 1필지 금액) + 6,000원(말소할 목록 2건 × 3,000원) = 21,000원

21,000원이 등기신청수수료로 납부해야 할 금액이다.

ex 3 부동산 4필지를 낙찰받아 말소할 목록이 각 필지마다 11개라고 가정하면, 소유권이전을 위한 등기신청수수료 금액은 2가지 방식으로 계산하면 된다.

① 총 4필지이므로 60,000원(15,000×4필지) + 132,000원(말소할 목록 11건×3,000원×4필지) = 192,000원

② 한 필지씩 15,000원 + 33,000원(말소할 목록 11건×3,000원) = 48,000 원×4필지 = 192,000원

①, ② 두 방식 모두 192,000원이고, 편한 방식을 사용하면 될 것이다. 중요한 것은 정확한 계산일 것이다.

ex 4 부동산 2필지를 낙찰받아 말소할 목록이 한 필지는 1건, 한 필지는 2건이라고 가정하면, 소유권이전을 위한 등기신청수수료 금액은,

한 필지 15,000원 + 3,000원(1건)과

한 필지 15,000원 + 6,000원(2건)을 합한 금액이다.

18,000원 + 21,000원 = 39,000원이다.

ex 5 1필지의 토지와 1개의 건물인 주택인 경우, 말소할 목록은 토지 1건, 건물 1건으로 총 2건으로 가정하면 등기신청수수료 금액은,

30,000원(15,000×2개부동산) + 6,000원(말소할 목록2건×3,000원) = 36,000원

36,000원이 등기신청수수료 금액이다.

주의해야 할 것은 낙찰받은 부동산이 여러 필지인 경우다. 여러 필지를 1개의 경매·공매 물건으로 매각하는 경우, 간혹 등기신청수수료를 1필지만 계산하고 제출하는 실수를 한다.

결국 다시 반려되어 수정을 하게 된다면 시간을 들여 다시 신고·납부를 해야 하므로 여러 필지를 낙찰받고 셀프등기 진행 시에는 계산에 정확함을 요한다.

※ 참고

촉탁등기의 경우, 수수료 인하의 특례는 적용받지 않으니 참고하면 된다.

> 또한 등기사항증명서 등 수수료 규칙 5조 5의 전자신청 등에 의한 등기신청수수료의 특례는 신청만을 대상으로 하고 전자촉탁에는 규정이 없으므로 촉탁에 의한 등기신청수수료 등기사항증명서 등 수수료 규칙 제5조의 2(부동산 등기 신청수수료) 서면신청에 관한 것만 적용 가능하고 특례에 해당하지 않음을 알려드린다.

부동산 등기신청수수료액(등기사항증명서 등 수수료 규칙)

부동산등기신청수수료액
(「등기사항증명서 등 수수료규칙」 제5조의2에 의한 등기신청의 경우)

등 기 의 목 적		수수료	비 고
1. 소유권보존등기		15,000원	
2. 소유권이전등기		15,000원	
3. 소유권 이외의 권리설정 및 이전등기		15,000원	
4. 가등기 및 가등기의 이전등기		15,000원	
5. 변경 및 경정등기 (다만, 착오 또는 유루발견을 원인으로 하는 경정 등기신청의 경우는 수수료 없음)	가. 등기명의인 표시	3,000원	행정구역.지번의 변경, 주민등록번호(또는 부동산등기용등록번호) 정정의 경우에는 신청수수료 없음
	나. 각종권리	3,000원	
	다. 부동산표시	없 음	
6. 분할.구분.합병등기		없 음	대지권에 관한 등기는 제외 (각 구분건물별 3,000원)
7. 멸실등기		없 음	
8. 말소등기		3,000원	예고등기의 말소등기 경우에는 신청수수료 없음
9. 말소회복등기		3,000원	
10. 멸실회복등기		없 음	
11. 가압류.가처분등기		3,000원	
12. 압류등기 및 압류말소등기 (체납처분 등 등기)	가. 국세. 지방세	없 음	
	나. 의료보험 등 공과금	3,000원	
13. 경매개시결정등기. 강제관리등기		3,000원	
14. 파산.화의.회사정리등기		없 음	
15. 신탁등기	가. 신탁등기	없 음	
	나. 신탁등기의 변경. 말소등기 등 신탁관련 기타 등기	없 음	
16. 환매권등기	가. 환매특약의등기 및 환매권 이전등기	15,000원	
	나. 환매권 변경. 말소 등 환매권 관련 기타 등기	3,000원	
17. 위에서 열거한 등기 이외의 기타 등기		3,000원	

인터넷 납부

등기신청수수료 납부 방법 단계별 설명

단계별 순서는 아래와 같이 간단하다.

대법원 인터넷등기소(www.iros.go.kr) 접속 - 전자 납부 클릭 - 납부 정보 작성 및 영수 필확인서 출력 클릭 - 납부 정보 작성 중 클릭 - 신규를 클릭해 해당 등기소를 지정하고 수수료 금액을 기재한 후 결제하면 된다.

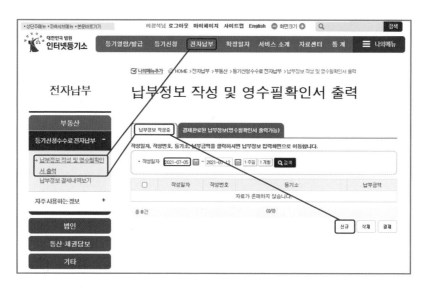

집행법원 제출용을 클릭한 후, 해당 부동산 주소지 관할 등기소를 지정하고 수수료 금액을 기재한 후, 최종적으로 저장 후 결제를 클릭해 납부하면 된다. 아주 간단하게 납부가 가능하다.

해당 등기소 지정 방법

관할등기소 지정을 어렵게 생각하는 분들이 있는데, 여러 가지 방법이 있겠지만, 다음과 같은 방법을 사용하면 아주 정확하고 쉽게 할 수 있다. 해당 부동산의 등기부의 맨 마지막 장의 하단에 아래 그림과 같이 관할등기소명이 기재되어 있고, 이것이 부동산의 관할 해당 등기소다.

셀프등기를 위해서는 필히 부동산 등기부를 발급받아야 하기 때문에 등기소 위치는 부동산 등기부를 이용하면 쉽게 확인이 가능할 것이다.

【 을 구 】 (소유권 이외의 권리에 관한 사항)				
순위번호	등 기 목 적	접 수	등 기 원 인	권리자 및 기타사항
1	근저당권설정	2000년8월31일 제50456호	2000년8월31일 설정계약	채권최고액 금105,300,000원 채무자 남양주시 와부읍 덕소리 ▨▨ ▨▨아파트 근저당권자 주식회사국민은행 110111-0015655 서울 중구 남대문로2가 9-1 (테크노마트지점)
-- 이 하 여 백 --				
				관할등기소 서울동부지방법원 등기국

해당 등기소는 서울동부지방법원이다.

일련번호	부동산의 표시	순위번호	예 비 란	
			등기원인	경정원인
1	[건물] 대구광역시 달성군 구지면 내리 ▇▇▇▇▇빌딩 주건축물제1동 ▇▇▇▇▇▇▇	8	2019년5월8일 매매	
2	[건물] 대구광역시 달성군 구지면 내리 ▇▇▇▇▇빌딩 주건축물제1동 ▇▇▇▇▇▇▇	8	2019년5월8일 매매	

-- 이 하 여 백 --

관할등기소 대구지방법원 서부지원 등기과

해당 등기소는 대구지방법원 서부지원이다.

해당 등기소는 부산지방법원이다.

결제 완료 후 다음과 같이 '결제 완료된 납부 정보(영수필확인서 출력가능)'를 클릭한 후, 선택에 체크하고 출력을 클릭하면 된다. 영수증을 출력하는 것이다.

출력한 영수증 중에서 '법원 제출용'은 한국자산관리공사에 등기우편으로 보내고, '납부자 보관용'은 향후 부동산 매매를 하는 경우, 양도소득세의 필요 경비로 사용해 절세하도록 하자.

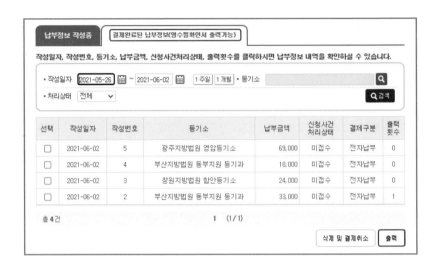

출력한 등기신청수수료 영수필확인서 – 인터넷으로 출력

인쇄하면 아래와 같이 출력된다. 가위로 오려서 사용하면 된다.

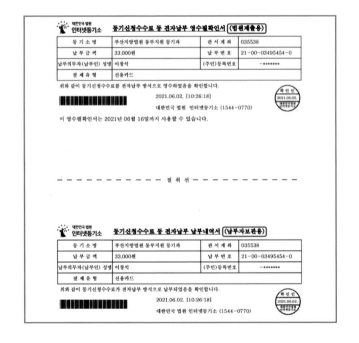

주의

한번 신용카드로 납부를 하면 다음부터는 쉽게 가능하니 처음 신용카드로 납부하는 경우, 문제 및 오류가 있거나 진행이 안 된다고 포기하지 말고, 대법원 인터넷등기소 홈페이지 하단에 있는 사용자지원센터(1544-0770)로 연락해 원격지원 서비스 등을 받아 문제점을 해결하면 된다.

공공기관 홈페이지는 방화벽 등으로 오류가 많이 생길 수 있으므로 진행이 안 된다고 어려워하지 말고, 홈페이지 하단의 연락처로 연락하면 친절한 상담으로 해결할 수 있을 것이다.

키오스크(통합 무인 발급기)로
납부하는 방법

필자도 간혹 사용하는 방법이다. 보통은 대법원 인터넷등기소에서 납부를 하는 편이나, 간혹 키오스크(통합 무인 발급기)를 이용하는 경우도 있다.

키오스크에서 등기부를 발급받아 공매가 진행되는 동안 말소할 목록의 변경이 없다면, 바로 등기신청수수료도 같이 납부하는 방식을 사용한다. 즉, 미리 말소할 목록이 몇 건인지를 확인한 후, 등기신청수수료 금액을 확정한다. 부동산 등기부를 키오스크로 발급받아서 권리관계의 변동(추가 등)이 없다면, 바로 키오스크에서 등기신청수수료 납부를 하는 방식이다.

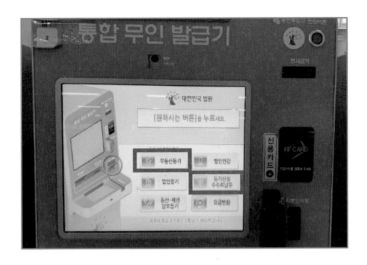

먼저 부동산 등기부를 발급받는다. 다음의 주요 등기사항 요약을 참고하면 말소할 목록을 쉽게 확인할 수 있다. 말소할 목록을 확인해야 등기신청수수료를 납부할 수 있다.

주요 등기사항 요약 (참고용)

[주 의 사 항]

본 주요 등기사항 요약은 증명서상에 말소되지 않은 사항을 간략히 요약한 것으로 증명서로서의 기능을 제공하지 않습니다.
실제 권리사항 파악을 위해서는 발급된 증명서를 필히 확인하시기 바랍니다.

고유번호 1955-1996-42620

[토지] 경상남도 김해시 동상동 ▨▨▨▨▨▨▨

1. 소유지분현황 (갑구)

등기명의인	(주민)등록번호	최종지분	주　　소	순위번호
김▨▨ (공유자)	▨▨▨▨▨▨▨	12분의 6		1
김▨▨ (공유자)	▨▨▨▨▨▨▨	12분의 4		1
김▨▨ (공유자)	▨▨▨▨▨▨▨	12분의 1		1
김▨▨ (공유자)	▨▨▨▨▨▨▨	12분의 1		10

2. 소유지분을 제외한 소유권에 관한 사항 (갑구)

순위번호	등기목적	접수정보	주요등기사항	대상소유자
3 (전 4)	가압류	1998년6월10일 제36796호	청구금액 624,000,000원 채권자 신용보증기금	김
4 (전 5)	가압류	1998년9월16일 제65399호	청구금액 168,000,000원 채권자 신용보증기금	김
5 (전 6)	압류	1998년10월26일 제74198호	권리자 근로복지공단	김
6	압류	2000년8월7일 제48300호	권리자 국	김
7	압류	2000년9월28일 제62907호	권리자 국	김
8	압류	2002년8월27일 제73398호	권리자 국	김
9	가압류	2004년7월26일 제64418호	청구금액 금20,442,081원 채권자 파산자울산신용협동조합의파산관재인예금보험공사	김
11	가압류	2006년10월16일 제88957호	청구금액 금80,000,000원 채권자 한국자산관리공사	김
12	압류	2007년12월12일 제107919호	권리자 김해시	김
13	압류	2012년5월17일 제44933호	권리자 부산광역시	김
14	압류	2012년10월29일 제100178호	권리자 국	김

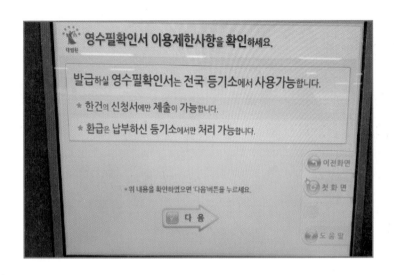

등기신청수수료 금액을 기재하고 다음을 클릭한다.

필자의 경험상, 시간이 부족해 쫓기듯이 금액 계산을 하는 경우, 금액
이 틀리는 경우가 많으니 미리 등기신청수수료 금액을 계산해놓는 것
이 좋다. 아니면 편하게 집에서 인터넷으로 납부하는 방식을 추천한다.

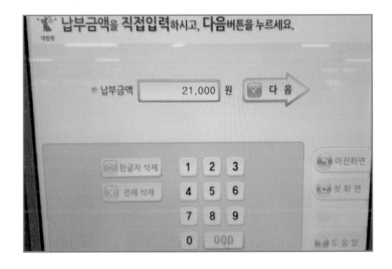

금액을 기재 후, 납부 의무자 정보를 입력하고 다음을 클릭한다.

주민등록번호와 성명을 입력하면 된다.

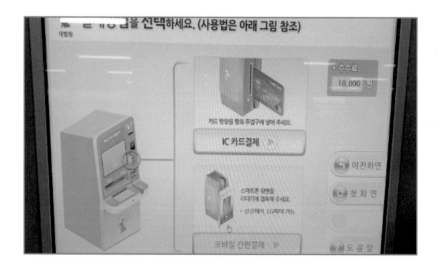

결제는 현금, 카드 모두 가능하다. 아주 간단하고 쉽다.

그럼, 등기신청수수료 영수필확인서가 출력된다.

키오스크로 납부하는 방식도 편리한 방법이다.

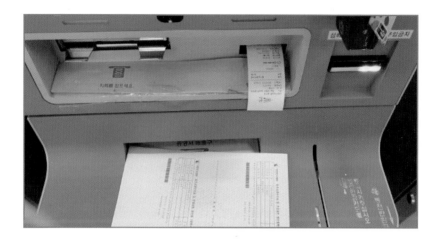

2021년 7월 16일부터 키오스크(무인발급기)에서 신용카드로도 결제가 가능하니 참고하자!

대한민국법원 **등기신청수수료 등 무인납부 영수필확인서 (법원제출용)**

등 기 소 명	■지방법원 등기과	관 서 계 좌	186018
납 부 금 액	21,000원	납 부 번 호	21-98-00 14593-8
납부의무자(납부인) 성명	이■석	(주민)등록번호	■■-*******
결 제 유 형	신용카드		

위와 같이 등기신청수수료를 무인납부 방식으로 영수하였음을 확인합니다.

2021.07. [11:02:24]

■지방법원 등기과

확인인 (대한민국법원)

--------------- 절 취 선 ---------------

대한민국법원 **등기신청수수료 등 무인납부 영수증 (납부자보관용)**

등 기 소 명	■지방법원 등기과	관 서 계 좌	186018
납 부 금 액	21,000원	납 부 번 호	21-98-00 14593-8
납부의무자(납부인) 성명	이■석	(주민)등록번호	■■-*******
결 제 유 형	신용카드		

위와 같이 등기신청수수료가 무인납부 방식으로 납부되었음을 확인합니다.

2021.07. [11:02:24]

■지방법원 등기과

확인인 (대한민국법원)

은행에서 직접
납부하는 방법

은행에 방문해서 등기신청수수료 신청을 할 수도 있다.

은행 보관용, 고객용, 법원 제출용의 3장이 붙어 있다.

기재하는 방법은 앞의 내용을 참고하면 되고, 매우 간단하다.

고객용은 보관하고 있다가 양도세 신고 시에 필요 경비로 사용하면

된다.

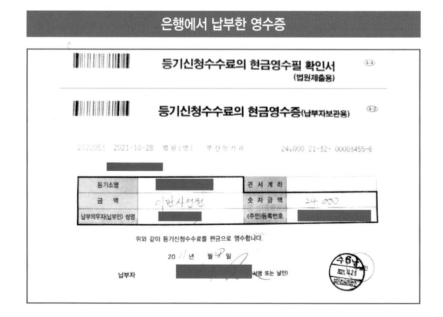

등기신청수수료 현금납부서		화면번호 : 001414		은행보관용

등 기 소 명		관서계좌	
금 액		숫자금액	
납부의무재(납부인) 성 명		주민사업자 등 록 번 호	
		연 락 처	

※ 납부 후 허소로 인한 환급 신청시에는 납부 당일은 은행수납 영업점에서, 이후에는 법원으로 환급 신청하셔야 합니다.

위와 같이 **등기신청수수료**를 현금으로 납부합니다.

년   월   일

납부자   서명 또는 인   수납인

필자는 특별한 이유가 없다면 은행에서 직접 납부하는 방식은 선호하지 않는다. 너무 많은 이용 시간이 걸려 비효율적이다. 그러나 선택은 자유롭게 하면 될 것이다.

은행에서 납부한 영수증

등기신청수수료의 현금영수필 확인서
(법원제출용)

등기신청수수료의 현금영수증(납부자보관용)

2122053 2021-10-28 법원(명) 부산등기과   24,000 21-32- 00003455-6

등기소명		관 서 계 좌	
금 액	이만사천원	숫자금액	24,000
납부의무자(납부인) 성명		(주민)등록번호	

위와 같이 등기신청수수료를 현금으로 영수합니다.

20 년   월   일

납부자   서명 또는 날인

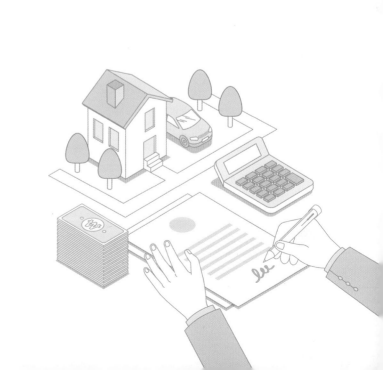

말소할 목록 작성 시
자주 틀리는 3가지와
해결 방법

셀프등기를 마무리하고 해당 한국자산관리공사에 소유권이전등기 촉탁신청서와 제반서류 등을 제출하고 나면 간혹 자산공사에서 연락이 와서 등기신청수수료 금액이 잘못되었다거나 말소할 목록이 틀려서 수정해서 다시 제출하라는 연락이 오는 경우가 있다.

말소할 목록 작성 시 자주 틀리는 3가지 종류에 대해 알아보고 각 상황에 맞춰 최상의 해결 방법을 알아보자.

등기신청수수료 금액을
적게 납부한 경우

총 2필지를 낙찰받았고, 말소할 목록이 필지별로 각각 3개인 경우, 등기신청수수료 금액 계산은 다음과 같다.

1필지 15,000원 + (3,000원 × 3건) = 24,000원
1필지 15,000원 + (3,000원 × 3건) = 24,000원

총 48,000원이 맞는 금액이나 이를 15,000원 + (3,000원×6건) = 33,000원으로 계산해 틀리는 경우가 종종 있다. 즉, 말소할 목록이 6건인 것만 생각하고 2필지인 것을 고려하지 않고 1필지 15,000원과 6건 18,000원의 합인 33,000원으로 계산한 경우다.

이런 경우, 쉽게 해결할 수 있다. 부족한 금액인 15,000원을 한 장 다시 납부해서 해당 한국자산관리공사에 제출하면 된다.

등기신청수수료 금액을
많이 납부한 경우

앞의 경우와는 반대로, 실제 말소할 목록 권리보다 많은 권리를 말소하는 실수를 한 경우다.

공매 물건의 등기부(주요 등기사항 요약)를 보면 대상소유자 중에 '○○화'의 지분이 공매로 매각되어 낙찰받아 셀프등기를 진행 중이다.

등기신청수수료 납부를 '○○화'의 지분에 권리관계가 있는 1건으로 계산해야 하나 실수로 전체 등기부의 등기권리인 3건을 말소하는 실수를 한 것이다(순위번호 2-1은 공매 공고 기입등기로서, 부기등기이므로 말소할 목록이 아님).

주요 등기사항 요약 (참고용)

[주 의 사 항]

본 주요 등기사항 요약은 증명서상에 말소되지 않은 사항을 간략히 요약한 것으로 증명서로서의 기능을 제공하지 않습니다.
실제 권리사항 파악을 위해서는 발급된 증명서를 필히 확인하시기 바랍니다.

고유번호 1245-1996-12866

[토지] 인천광역시 강화군 화도면 흥왕리 453-4 도로 99㎡

1. 소유지분현황 (갑구)

등기명의인	(주민)등록번호	최종지분	주 소	순위번호
■종 (공유자)	-*******	6분의 1	인천 남동구 구월동	1
■종 (공유자)	-*******	6분의 1	서울 구로구 개봉동	1
■용 (공유자)	-*******	6분의 1	서울특별시 마포구 매봉산로	1
■문 (공유자)	-*******	6분의 1	서울 강남구 개포동	1
■주 (공유자)	-*******	6분의 1	서울 구로구 개봉동	1
■화 (공유자)	-*******	6분의 1	인천 연수구 연수동	1

2. 소유지분을 제외한 소유권에 관한 사항 (갑구)

순위번호	등기목적	접수정보	주요등기사항	대상소유자
2	압류	2009년4월13일 제10581호	권리자 국	■화
2-1	공매공고	2020년5월27일 제15438호		■화
6	압류	2016년11월1일 제27682호	권리자 서울특별시마포구	✔■용

3. (근)저당권 및 전세권 등 (을구)

순위번호	등기목적	접수정보	주요등기사항	대상소유자
1	근저당권설정	2013년8월28일 제21694호	채권최고액 금80,000,000원 근저당권자	✔■용

정확한 등기신청수수료 금액은 15,000원 + 3,000원(3,000원×1건) = 18,000원이지만, 3건으로 계산해 15,000원 + 9,000원(3,000원×3건) = 24,000원을 납부했을 경우로서 이 경우에도 해결 방법은 아주 간단하다.

다시 새롭게 18,000원의 수수료를 납부하고 한국자산관리공사에 제출하면 된다. 그리고 해당 한국자산관리공사에 연락해 미리 제출한 등기신청수수료 영수증 24,000원은 폐기해달라고 하면 된다. 14일이 지나면 자동 취소가 되기 때문이다.

'등기신청수수료의 납부 및 환급 등에 관한 사무처리지침 등기예규 제1576호'
2) 결제 취소 및 환급신청
  가) 등기신청의 접수 전 결제 취소
     등기신청의 접수 전에는 인터넷등기소(http://www.iros.go.kr)를 이용해 언제든지 등기신청수수료의 결제 취소를 할 수 있다.
     다만 결제 후 등기신청의 접수 없이 14일이 경과하면 결제를 취소한 것으로 본다.

24,000원의 등기신청수수료를 그냥 폐기하면 14일이 지나면 자동 취소가 된다. 행정기관에 문의한 결과, 다음과 같이 자동 반환된다는 답변을 참고하면 된다.

안녕하십니까? 법원행정처 부동산등기과입니다.
귀하의 민원서는 국민신문고에 접수되었으나 이관되어 우리 처에 2021년 6월 2일 접수되었습니다.

문의하신 사항은 인터넷등기소로 전자납부한 등기신청수수료에 대한 환급에 대한 문의입니다. 전자납부한 등기신청수수료는 사용하지 아니한 경우 14일이 지나 반환되므로 환급신청하지 않으셔도 됩니다.

감사합니다.

대부분 지분 공매 물건을 낙찰받고 말소할 목록 작성하는 경우, 낙찰받은 공유지분의 권리만을 말소해야 하지만, 이런 경우에는 전체 공유자의 권리나 타 공유지분의 권리까지 말소한 것이다. 따라서 공유지분을 매수하는 경우에는 반드시 낙찰받은 지분의 권리만을 말소해야 한다.

참고로, 다음 페이지의 공매 물건처럼, 공유지분이지만 모든 채권(권리)이 채무자인 '○○국' 지분에게 모두 있는 경우도 있다.

주요 등기사항 요약 (참고용)

[주 의 사 항]

본 주요 등기사항 요약은 증명서상에 말소되지 않은 사항을 간략히 요약한 것으로 증명서로서의 기능을 제공하지 않습니다.
실제 권리사항 파악을 위해서는 발급된 증명서를 필히 확인하시기 바랍니다.

고유번호 2147-1996-04859

[토지] 전라북도   6531㎡

1. 소유지분현황 (갑구)

등기명의인	(주민)등록번호	최종지분	주 소	순위번호
임 (공유자)	-*******	78분의 4	경기도 의왕시 포일동	5
하 (공유자)	-*******	78분의 4	전라북도 전주시 완산구 팔달로	5
국 (공유자)	-*******	78분의 4	경기도 오산시 원동	5
렬 (공유자)		78분의 26	부안군 부안읍 외하리	1
수 (공유자)	-*******	78분의 13	경기도 광명시 오리로	16
원 (공유자)	-*******	78분의 13	경기도 용인시 수지구 신봉1로	16
수 (공유자)	-*******	78분의 4	전라북도 부안군 행안면 새포로	9
희 (공유자)	-*******	78분의 10	전라북도 부안군 부안읍 돌모산로	11

2. 소유지분을 제외한 소유권에 관한 사항 (갑구)

순위번호	등기목적	접수정보	주요등기사항	대상소유자
10	압류	2014년1월9일 제418호	권리자 화성시	국
12	압류	2015년1월27일 제1900호	권리자 오산시	국
13	가압류	2015년6월29일 제12057호	청구금액 금21,037,112 원 채권자 주식회사국민행복기금	국
14	압류	2015년8월28일 제15827호	권리자 국민건강보험공단	국
15	압류	2016년6월28일 제11096호	권리자 국민건강보험공단	국
17	압류	2017년4월13일 제6643호	권리자 서울특별시강북구	국
18	압류	2018년1월4일 제231호	권리자 국	국

등기신청수수료 납부를 했지만
14일이 지난 경우

등기신청수수료 납부는 일찍 완료했지만, 다음 단계의 셀프등기 진행을 천천히 해서 14일이 지난 경우가 있고, 등기신청수수료를 실제 납부해야 할 금액보다 적은 금액을 납부해서 법원에서 그 차액만큼 다시 납부하라고 하는 경우에 그 보정을 천천히 해서 14일이 지난 경우가 있는 등, 여러 가지 다양한 이유로 14일이 지난 경우가 발생한다.

이런 경우, 처음 납부한 등기신청수수료는 자동으로 삭제되었으므로, 처음부터 다시 등기신청수수료를 납부해야 하니, 셀프등기를 시작했다면 스피드 있고 정확한 진행이 중요하다.

예를 들어, 다음과 같이 2021년 6월 28일에 등기신청수수료 18,000원을 납부했다.

대한민국 법원 인터넷등기소	등기신청수수료 등 전자납부 납부내역서 (납부자보관용)		
등 기 소 명	▮▮지방법원 ▮▮등기소	관 서 계 좌	115335
납 부 금 액	18,000원	납 부 번 호	21-00-04049161-5
납부의무자(납부인) 성명	이▮석	(주민)등록번호	▮▮▮▮ -*******
결 제 유 형	신용카드		

위와 같이 등기신청수수료가 전자납부 방식으로 납부되었음을 확인합니다.

2021.06.28. 22:39:33]

확인인 2021.06.28.

여러 가지 이유가 있지만, 이번 경우에는 등기신청수수료를 납부하고 다음 진행을 하지 않아 14일이 지난 상태였다. 따라서, 다음과 같이 다시금 등기신청수수료를 2021년 7월 21일에 납부했다.

대한민국법원	등기신청수수료 등 무인납부 영수증 (납부자보관용)		
등 기 소 명	▮▮지방법원 등기과	관 서 계 좌	186018
납 부 금 액	18,000원	납 부 번 호	21-98-00114596-7
납부의무자(납부인) 성명	이▮석	(주민)등록번호	▮▮▮▮ -*******
결 제 유 형	신용카드		

위와 같이 등기신청수수료가 무인납부 방식으로 납부되었음을 확인합니다.

2021.07.21

확인인

인터넷등기소에서 다음과 같이 확인하니 14일이 지나서 자동으로 취소가 된 것을 확인할 수 있다.

거래일	결제/취소 집계			비고
	결제건 (수수료)	취소건수		
		당일 취소건 (수수료)	이전일 취소건 (수수료)	
2021-06-28	1 (18,000원)			상세
2021-07-13			1 (-18,000원)	상세

정확하고 신속하게 셀프등기를 진행하는 것이 중요하다. 또한, 14일의 기한을 고려하도록 하자!

등록면허세 경정청구 방법

말소할 목록이 11개인 줄 알고 등기신청수수료와 등록면허세를 납부했으나 확인 과정에서 5개인 것을 확인했다. 이런 경우에는 등기신청수수료는 앞의 방식으로 해결하면 되고, 등록면허세는 미리 납부했기 때문에 경정청구를 해야 한다.

등록면허세 경정청구를 하는 방법은 먼저 시·군·구 세무서(취득세과)에 연락해서 말소할 목록 개수가 틀려서 과오납되어 환급을 받아야 한다고 말하고, 경정청구서와 주민등록증 사본, 계좌번호 사본을 팩스와 등기우편으로 보내면 환급이 가능하다.

다음의 경정청구서를 참고하면 쉽게 작성이 가능할 것이다.

■ 지방세기본법 시행규칙[별지 제14호서식] <개정 2019. 12. 31.>

지방세 과세표준 및 세액 등의 결정 또는 경정 청구서

※ 색상이 어두운 난은 신청인이 작성하지 아니하며, 아래의 유의사항을 읽고 작성하시기 바랍니다.

접수번호		접수일		처리기간	2개월

납세자	성명(법인명) 이■석		주민(법인, 외국인)등록번호: ■■■		
	상호(법인인 경우 대표자)		사업자등록번호		
	주소(영업소) ■■■				
	전화번호 (휴대전화: ■■■)		전자우편주소		
	지급계좌	은행명:농협	계좌번호 ■■■		

	법정신고일		최초신고일		

결정 또는 경정청구 내용	경정청구 대상(과세물건)					
	구분		과세표준	산출세액	비과세/ 감면액	납부세액
	등록 면허세	당초신고	말소할목록11건			79,200
		결정 또는 경정신고	말소할목록5건			36,000
		증감액	6건 차액			43,200
	( )세	당초신고				
		결정 또는 경정신고				
		증감액				

결정 또는 경정청구 이유(내용이 많은 경우 별지 기재) 등록면허세 납부를 위한 말소할목록 개수가 5 건인데 11건으로 과다 납부하였습니다. 그 6건의 차액인 43,200원을 환급 바랍니다.	사유발생일 2020.8.18.일 등록면허세 납부일 (공매 낙찰로 소유권이전등기촉탁)

「지방세기본법」 제50조 및 같은 법 시행령 제31조에 따라 위와 같이 결정 또는 경정을 청구합니다.

2020년 8월 24일

청구인 ■■■ (서명 또는 인)

지방자치단체의 장 귀하

지금까지 '셀프등기 순서 1장' 파일을 출력하고 공부 서류를 발급받아 '공매 5종 세트 서류' 파일을 작성했다(말소할 목록 작성).

그리고 잔금 납부를 했고 취득세와 등록면허세를 납부했다.

등기신청수수료를 납부했다.

PART
06

국민주택채권 매입
(즉시 매도)

국민주택채권은 정부가 국민주택사업에 필요한 자금을 조달하기 위해 발행하는 국채이고, 주택도시기금법 제7조, 제8조, 동법시행령 제4조와 국채법에 의거해 시행된다.

소유권이전을 받은 당해 등기명의자가 국민주택채권 매입 의무 대상자이며, 채권 매입 방법에는 **보유**(5년)하거나 **즉시 매도**하는 방법 2가지가 있지만, 보통은 즉시 매도하는 것을 많이 선택한다. 채권을 보유하기에는 자금이 오랫동안 묶이기 때문에 선택하기가 쉽지 않다.

보유하고자 하는 경우에는 은행 영업창구를 직접 방문해야 하며, **즉시 매도**하는 경우에는 은행 영업창구를 이용하거나 인터넷은행을 통해서도 가능하다.

> **· 국민주택채권 취급은행**
> 우리은행, 국민은행, 신한은행, 농협은행, 기업은행

채권 매입 계산은 주택도시기금 인터넷 홈페이지(http://nhuf.molit.go.kr)에서 계산하는 것이고, 실제 국민주택채권 매입 납부는 은행(인터넷 사이트)을 통해서 하는 것이다.

셀프등기를 직접 진행하기 위해 갖춰야 할 가장 중요한 능력 중의 하나가 국민주택채권 매입 능력이라고 할 수 있다. 이 국민주택채권 매입을 직접 할 수 있는 능력이 있다면 여러 가지 장점이 많겠지만, 가장 중

요한 장점은 수수료를 내고 법무사 등에 위임해 소유권이전등기를 하는 경우, 간혹 국민주택채권 매입 부분의 금액이 실제 금액보다 높게 책정되어 있는 경우가 있는데, 만약 본인이 직접 주택도시기금 홈페이지에서 국민주택채권 즉시 매도 금액을 확인할 수 있다면 수수료 금액을 확인해 그 차액만큼 아주 쉽게 수수료를 아낄 수 있을 것이다. 이를 확인하기 위한 계산하는 방법 및 역산하는 노하우를 아낌없이 책에 공개했다.

주택도시기금법

제7조(국민주택채권의 발행 등)

① 정부는 국민주택사업에 필요한 자금을 조달하기 위하여 기금의 부담으로 국민주택채권을 발행할 수 있다.

② 제1항의 국민주택채권은 국토교통부장관의 요청에 따라 기획재정부장관이 발행한다.

③ 국민주택채권에 관하여 이 법에서 규정한 것을 제외하고는 '국채법'을 적용한다.

④ 국민주택채권의 종류·이율, 발행의 방법·절차 및 상환과 발행사무 취급 등에 필요한 사항은 대통령령으로 정한다.

제8조(국민주택채권의 매입)

① 다음 각 호의 어느 하나에 해당하는 자 중 대통령령으로 정하는 자는 국민주택채권을 매입하여야 한다.

　1. 국가 또는 지방자치단체로부터 면허·허가·인가를 받는 자

　2. 국가 또는 지방자치단체에 등기·등록을 신청하는 자

　3. 국가·지방자치단체 또는 '공공기관의 운영에 관한 법률'에 따른 공공기관 중 대통령령으로 정하는 공공기관과 건설공사의 도급계약을 체결하는 자

　4. '주택법'에 따라 건설·공급하는 주택을 공급받는 자

② 제1항에 따라 국민주택채권을 매입하는 자의 매입 금액 및 절차 등에 필요한 사항은 대통령령으로 정한다.

주택도시기금법 시행령
제4조(국민주택채권의 발행 절차)
① 국토교통부장관은 국민주택채권의 발행이 필요하다고 인정하는 경우에는 법 제7조에 따라 채권의 종류와 그 발행금액, 발행방법, 발행조건, 상환방법 및 상환절차 등 필요한 사항을 정하여 기획재정부장관에게 그 발행을 요청하여야 한다.
② 기획재정부장관은 제1항의 요청에 따라 국민주택채권을 발행하려는 경우에는 다음 각 호의 사항을 공고하여야 한다.
　1. 채권의 종류
　2. 채권의 만기
　3. 채권의 이율
　4. 원금 상환의 방법과 시기
　5. 이자 지급의 방법과 시기

국민주택채권
매입 순서도

국민주택채권 매입의 순서를 살펴보면 다음과 같이 크게 3단계로 나뉜다.

> **Step 1** 매입 대상 금액을 조회
> **Step 2** 고객부담금을 조회
> **Step 3** 인터넷은행에 접속해 국민주택채권을 매입

주택도시기금 인터넷 사이트(http://nhuf.molit.go.kr)에서 매입 대상 금액과 고객부담금을 조회하고, 본인이 거래하는 은행 인터넷 사이트에서 국민주택채권을 매입하는 것이다.

준비해야 하는 것은 매수한 부동산의 용도와 주소, 그리고 시가표준액 금액을 알면 가능하다. 시가표준액 금액을 확인하는 방법은 2가지

가 있다. ① 부동산 공시가격 알리미 사이트에서 검색 또는 계산을 하는 방법이 있고, ② 취득세과에서 받은 고지서에 해당 부동산의 시가표준액 금액이 나와 있는데 이를 이용하는 방법이다.

그리고 대리인 자격으로도 국민주택채권 매입이 가능하다.

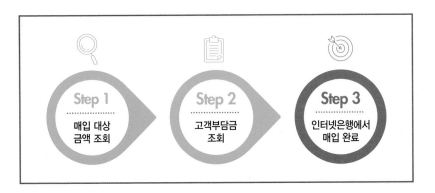

국민주택채권 매입(즉시 매도)
단계별 방법

1. 주택도시기금 홈페이지에 접속해 '셀프 채권 매입 도우미'를 클릭한다.

간혹 주택도시기금 홈페이지 화면 업데이트와 변경으로 찾기가 힘들 수 있다.

항상 2가지만 정확히 알고 있으면 된다. 첫 번째, 국민주택채권을 매입하기 위해서는 주택도시기금 홈페이지로 접속해야 하고, 두 번째, 국민주택채권 매입 항목을 찾아서 들어가면 된다는 것이다.

지금은 새롭게 '셀프 채권 매입 도우미' 항목이 생겼으니 이를 통해 쉽게 계산이 가능하다.

2. '매입 대상 금액 조회하기'를 클릭한 후, ① 매입 용도 지정, ② 대상 물건 지역 지정, ③ 시가표준액 기재, ④ 채권 매입(발행) 금액 조회 클릭, 마지막으로 ⑤ 고객부담금 조회하기를 클릭한다.

구 분	상세내용	방법
① 매입 의무 대상자 여부 확인	- 대표적 매입 의무 대상자 : 소유권의 이전(보존) 시 소유권의 이전(보존)을 받은 당해 등기명의자 상속 시 상속 받는 사람 국가 또는 지방자치단체로부터 면허·허가·인가를 받는 자 등 ☞ 세부 대상자는 주택도시기금법 시행령 제8조제2항 별표의 부표 참고 ☞ 매입의무 면제자는 주택도시기금법 시행령 제8조제2항 별표 참고	[부표]확인하기 [별표]확인하기
② 매입대상금액 조회	- 국민주택채권의 매입용도, 대상물건지역,시가표준액에 따른 매입대상 채권금액 계산	주택도시기금 홈페이지
③ 고객부담금 조회	- 채권을 보유하지 않고 즉시 매도할 경우, 고객이 실제 부담해야 하는 금액 조회 (※ 고객부담금은 조회일자에 따라 달라질 수 있습니다)	주택도시기금 홈페이지
④ 국민주택채권 매입	- 채권 매입과 동시에 즉시 매도하고자 하는 경우 ☞ 인터넷 은행 접속 또는 은행 영업 창구 방문하기 - 채권을 보유하고자 하는 경우 ☞ 은행 영업창구 방문 ※ 국민주택채권 취급은행 : 우리은행, 국민은행, 신한은행, 농협은행, 기업은행	인터넷 은행 또는 은행창구방문

매입대상금액 조회하기 >

① 매입 용도를 지정해야 한다.

대부분의 매입 용도는 크게 다음의 3가지로 보면 문제없을 것이다.

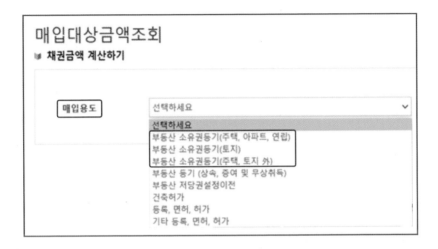

② 대상 물건 지역을 지정해야 한다.

'서울특별시 및 광역시'와 '그 밖의 지역' 2개 중에서 지정하면 된다.

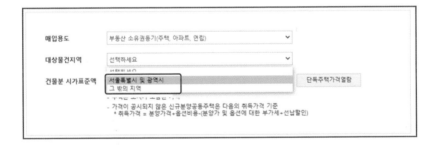

③ 시가표준액 금액을 기재해야 한다.

시가표준액 확인 방법은 크게 2가지로 확인이 가능하다.

※ 시가표준액 금액 확인하는 방법

첫 번째 방식

아파트 등의 경우, 부동산 공시가격 알리미 사이트에서 직접 해당 부동산을 검색하면 된다. 토지의 경우에는 직접 공시지가와 면적을 곱해 시가표준액 계산을 직접 해야 한다.

두 번째 방식

취득세와 등록면허세를 납부하기 위해 해당 취득세과에서 팩스로 받은 고지서에 해당 부동산의 시가표준액 금액이 나와 있다. 이 금액을 이용하는 방법이다.

직접 계산해도 되지만, 경험상 두 번째 방식이 훨씬 신속·정확하며 효율적이다. 따라서 국민주택채권 매입을 쉽게 하기 위해서라도 필수적으로 취득세과에서 팩스로 고지서를 받는 것이 여러모로 편리하다.

첫 번째 방식인 직접 검색 또는 계산 – 부동산 공시가격 알리미 사이트

매입용도	부동산 소유권등기(토지) ⌄
대상물건지역	서울특별시 및 광역시 ⌄
토지분 시가표준액	[ ] 원 [토지가격열람]
	- 개별공시지가 x 해당면적(㎡)

매입용도	부동산 소유권등기(주택, 토지 外) ⌄
대상물건지역	선택하세요 ⌄
건물분 시가표준액	[ ] 원 [단독/공동주택 외(서울)] [단독/공동주택 외(서울 외)]
토지분 시가표준액	[ ] 원 [토지가격열람]
	- 개별공시지가 x 해당면적(㎡)

두 번째 방식인, 취득세 고지서에 나와 있는 시가표준액 금액을 이용

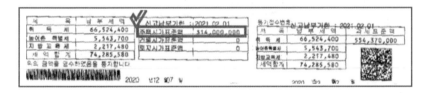

다시 정리하면, (뒤에 나오는 사례1을 예를 들면)

① 셀프 채권 매입 도우미

② 매입 대상 금액 조회하기를 한 후,

③ 매입 용도와 지역은 아파트와 광역시를 선택하고, 시가표준액 취득세 고지서에 나와 있는 시가표준액(3.14억 원)을 기재한다.

④ 채권 매입(발행) 금액 조회를 클릭한다. 계산된 채권 매입 금액 8,164,000원에서 절사하면 8,160,000원이 된다.

⑤ 고객부담금 조회하기를 클릭한다.

(8,164,000원에서 5,000원 미만은 절사, 5,000원 이상은 올림해 1만 원 단위로

채권 매입을 해야 하므로, 해당 금액은 5,000원 미만 절사해 8,160,000원이다.)

3. 절사한 금액을 발행 금액에 기재하고 조회를 클릭해 국민주택채권 즉시 매도 본인부담금 금액을 확인한 후, 인터넷은행 바로가기를 클릭한다.

채권 매입 금액은 8,164,000원이지만 5,000원 미만은 절사이므로 8,160,000원으로 ⑥ 발행 금액을 조회하면 된다.

2021년 6월 8일에 조회한 주택채권 매입 즉시 매도 시 부담금이 388,032원임을 알 수 있다. ⑦ 인터넷은행 바로가기를 클릭해 납부하

면 된다.

고객부담금 조회

제1종 국민주택채권의 발행금액과 과세구분을 선택하면 실제 고객부담금을 조회할 수 있습니다.

※ 대리인을 통한 채권매입 시, 은행에서 발행하는 영수증의 고객부담금과 하단의 조회내역이 일치하는지 확인하시기 바랍니다.
※ 고객부담금은 조회 일자에 따라 달라질 수 있습니다.

채권매입금액	8,164,000 원

◘ 고객부담금 조회

※ 발행금액을 만원단위로 입력하고 과세구분을 선택한 후 [조회]버튼을 클릭하세요.

※ 발행금액 1만원 미만 금액의 경우, 5천원 이상일때는 1만원, 5천원 미만이면 없는 것으로 계산하세요.

발행금액	8160000 원
조회기간	2021 년 06 월 08 일
과세구분	과세구분을 선택하세요 개인과세

조회

◘ 고객부담금 확인

조회일자	2021-06-08 ✔		
매도금액	7,791,168	수수료	23,370
선급이자	4,910	주민세	60
소득/법인세	680	채권수익률	1.914
매도단가	9,548	즉시매도시 본인부담금	398,032

※ 즉시매도 시 본인부담금 : 발행금액-(매도금액-수수료)-(선급이자-소득/법인세-주민세)

‹ 이전단계   인터넷은행 바로가기 ›

4. 인터넷은행에서 국민주택채권 매입(즉시 매도)을 하면 완료된다.

인터넷은행을 클릭하면 다음과 같이 우리은행, KB국민은행, IBK기업은행, NH농협은행, 신한은행이 검색된다. 해당 거래계좌가 있는 은행을 클릭해서 국민주택채권을 매입하면 된다.

자신이 이용하는 은행(농협)을 클릭해 '국민주택채권 매입'을 진행하면 된다.

농협은행의 국민주택채권 매입 란에서 납부자명 등의 매입 의무자 인적사항을 기재한 후, 채권매입금액 란에는 816,000원을 기재하고, 과세 구분에는 개인, 징구기관은 법원등기소, 매입 용도는 부동산 등기(소유권 보존 또는 이전)를 선택해서 확인을 클릭하면, 다음과 같이 즉시 매도하는 주택채권 금액이 388,032원으로 계산된다.

채권매입

| 국민주택채권매입 | 매입확인서조회(재발행) |

01　정보입력　　　　　　　　　　　　　　　　01　02　03

• 출금정보 입력　　　　　　　　　　　　　🕐 현재시간 : 2021년 06월 08일 12시 01분 54초

납부자명	이■석
출금계좌번호	312-■■■■■■■■ ▼　이체가능금액/한도
출금계좌 비밀번호	■■■■　☑마우스입력기　ⓘ 숫자 4자리
관리점(선택)	＿＿＿＿＿＿＿＿　＿＿＿＿＿＿＿＿　영업점 검색 ⓘ 출금계좌 관리영업점으로 자동처리 되므로, 관리영업점 변경이 필요하신 고객님만 이용하시기 바랍니다.

• 매입정보 입력

매입의무자 성명	이■석
주민등록번호 (사업자번호)	■■■■■■■　☑마우스입력기　ⓘ 사업자번호는 10자리 입력
채권매입금액	■■■ 8160000 ☑마우스입력기 원　ⓘ 금액버튼을 클릭하신 만큼의 금액이 계산됩니다. +1만　+5만　+10만　+100만　+1,000만 ｜ 금액입력기　정정
과세구분	개인 ▼
징구기관	02 법원등기소 ▼
매입용도	19 부동산등기(소유권보존 또는 이전) ▼

확인

• 조회내역

순번	고객명	실명번호	매입용도	징구기관	삭제
	발행금액	매도금액	매도수수료금액	본인부담금	
	선급이자	선급이자소득(법인)세	선급이자지방소득세		
1	이■석	■■■-*******	19 부동산등기(소유권보존 또는 이전)	법원등기소	☐
	8,160,000원	7,791,168원	23,370원	388,032원	
	4,910원	680원	60원		

최종적으로 은행에서 자동으로 결제되어 채권 매입이 완료된다.

생각보다 어렵지 않으니 직접 해보길 바란다. 필자가 계속해서 말하지만 '실행'이 가장 중요하다. 틀리더라도 포기하지 말고 해보자.

만약 틀리더라도 등기소에서 수정하라는 연락이 오기 때문에 틀리는 것을 두려워하지 말고 실행해보자. 실력을 확실하게 올릴 수 있는 기회라고 생각하면 될 것이다.

국민주택채권 매입 0원인 경우

만약 소유권이전하는 부동산의 시가표준액이 다음의 기준금액 미만이면 국민주택채권을 매입할 필요가 없다. 암기할 필요는 없다. 시가표준액을 기재하면 인터넷에서 자동으로 알려주기 때문이다.

부동산 소유권등기(주택, 아파트, 연립)
- 시가표준액 2,000만 원 이상부터 국민주택채권 매입 대상이다.

부동산 소유권등기(주택, 아파트, 연립) ⌄

> **nhuf.molit.go.kr의 메시지**
>
> 시가표준액이 2천만원 미만입니다. 시가표준액 2천만원 이상부터 국민주택채권 매입대상입니다.

부동산 소유권등기(토지)

- 시가표준액 500만 원 이상부터 국민주택채권 매입 대상이다.

> 부동산 소유권등기(토지) ⌄
>
> **nhuf.molit.go.kr의 메시지**
>
> 시가표준액이 5백만원 미만입니다. 시가표준액 5백만원 이상부터 국민주택채권 매입대상입니다.

부동산 소유권등기(주택, 토지 외)

- 건물 1,000만 원, 토지 500만 원 이상부터 국민주택채권 매입 대상이다(두 항목 모두 기준금액 이상인 경우에만 매입 대상이다).

> 부동산 소유권등기(주택, 토지 外) ⌄
>
> **nhuf.molit.go.kr의 메시지**
>
> 건물 시가표준액이 1천만원 미만이고, 토지 시가표준액이 5백만원 미만 입니다.
> 건물 1천만원, 토지 5백만원 이상부터 국민주택채권 매입대상입니다.

사례를 통해 국민주택채권
매입 직접 해보기

아래 5가지 유형별로 국민주택채권 매입(즉시 매도) 금액을 구하는 방법에 대해 단계별로 알아보자.

1. 아파트 물건이고 매수(낙찰)자 1인
2. 토지 물건이고 매수(낙찰)자 1인
   ※ 대리인으로 채권 매입을 할 경우
3. 토지 물건이고 매수(낙찰)자 3명 공동인 경우
4. 상가 물건이고 매수(낙찰)자 3명 공동인 경우
   ※ 은행에서 직접 납부하는 경우
5. ◆ 금액이 맞는지 역산하는 방법
   아파트 물건이고 매수(낙찰)자 1인, 은행에서 매입

1. 아파트 물건이고 매수(낙찰)자 1인인 경우

대략의 순서는 다음과 같다.

① 셀프 채권 매입 도우미 - ② 매입 대상 금액 조회 - ③ 매입 용도 선택, 대상 물건 지역 선택, 건물분 시가표준액 기재 - ④ 채권 매입(발행) 금액 조회 - 채권 매입 금액 확인 - ⑤ 고객부담금 조회 - 발행 금액에 절사한 채권 매입 금액을 기재 - ⑥ 조회 클릭 - 인터넷은행 바로가기 - ⑦ 은행에서 국민주택채권 매입 - 영수증 2부 출력

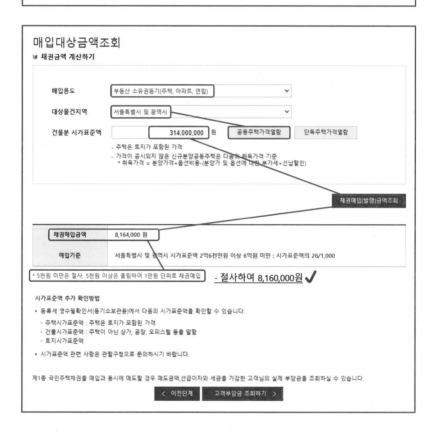

① 셀프 채권 매입 도우미, ② 매입 대상 금액 조회하기를 한 후, ③ 매입 용도와 지역은 아파트와 광역시를 선택한 후, 공동주택가격열람을 클릭해 해당 부동산의 시가표준액을 확인해서 기재하거나, 취득세 고지서에 나와 있는 시가표준액(3.14억 원)을 기재한 후, ④ 채권 매입(발행) 금액 조회를 클릭하고 계산된 채권 매입 금액 8,164,000원에서 절사하면 8,160,000원이 된다. 그리고 ⑤ 고객부담금 조회하기를 클릭한다.

(8,164,000원에서 5,000원 미만은 절사, 5,000원 이상은 올림해 1만 원 단위로 채권 매입을 해야 하므로, 해당 금액은 5,000원 미만 절사해 8,160,000원이다.)

공시가격 알리미에서 해당 아파트 동·호수로 검색한 결과다.

국민주택채권을 2020년에 매입했기 때문에 2020년 1월 기준 금액
인 314,000,000원이 시가표준액(공동주택 가격)이 된다.

공시기준	단지명	동명	호명	전용면적(㎡)	공동주택가격(원)
2021.1.1			산정기초자료	101.984	371,000,000
2020.1.1				101.984	314,000,000

아파트의 시가표준액은 다음과 같이 지자체 취득세과에서 받은 취득
세 고지서에 기재되어 있는 시가표준액을 참고하면 된다. 과세표준액
이 아니므로 주의하도록 하자.

취득세 고지서에 나와 있는 시가표준액(공동주택 가격)

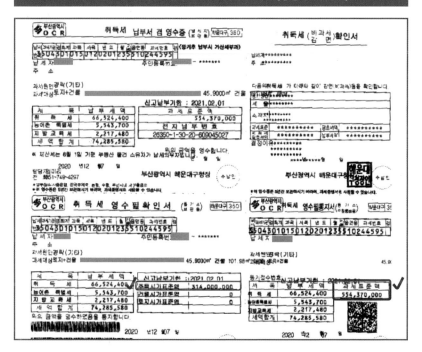

채권 매입 금액은 8,164,000원이지만 5,000원 미만은 절사이므로 8,160,000원으로 ⑥ 발행 금액란에 기재한 후 조회를 클릭하면 된다.

2021년 6월 8일에 조회한 주택채권 매입 즉시 매도 시 본인부담금이 388,032원임을 알 수 있다.

그리고 ⑦ 인터넷은행 바로가기를 클릭해 납부하면 된다.

고객부담금 조회

제1종 국민주택채권의 발행금액과 과세구분을 선택하면 실제 고객부담금을 조회할 수 있습니다.

※ 대리인을 통한 채권매입 시, 은행에서 발행하는 영수증의 고객부담금과 하단의 조회내역이 일치하는지 확인하시기 바랍니다.
※ 고객부담금은 조회 일자에 따라 달라질 수 있습니다.

채권매입금액	8,164,000 원

◎ 고객부담금 조회

※ 발행금액을 만원단위로 입력하고 과세구분을 선택한 후 [조회]버튼을 클릭하세요.

※ 발행금액 1만원 미만 금액의 경우, 5천원 이상일때는 1만원, 5천원 미만이면 없는 것으로 계산하세요.

발행금액	8160000 원
조회기간	2021 ∨ 년 06 ∨ 월 08 ∨ 일
과세구분	과세구분을 선택하세요 **개인과세** ∨

조회

◎ 고객부담금 확인

조회일자 ✓	2021-06-08		
매도금액	7,791,168	수수료	23,370
선급이자	4,910	주민세	60
소득/법인세	680	채권수익율	1.914
매도단가	9,548	즉시매도시 본인부담금	388,032

※ 즉시매도 시 본인부담금 : 발행금액-(매도금액-수수료)-(선급이자-소득/법인세-주민세)

〈 이전단계 　　인터넷은행 바로가기 〉

조회 일자가 2021년 6월 8일임을 기억하자.

조회 기간을 현재가 아닌 과거의 날짜인 2021년 1월 25일로 지정해 조회하면, 다음과 같이 즉시 매도 시 본인부담금 금액이 210,440원으로 검색된다(실제 해당 부동산의 국민주택채권 매입 날짜가 1월 25일이다).

고객부담금 조회

제1종 국민주택채권의 발행금액과 과세구분을 선택하면 실제 고객부담금을 조회할 수 있습니다.

※ 대리인을 통한 채권매입 시, 은행에서 발행하는 영수증의 고객부담금과 하단의 조회내역이 일치하는지 확인하시기 바랍니다.
※ 고객부담금은 조회 일자에 따라 달라질 수 있습니다.

채권매입금액	8,164,000 원

◘ 고객부담금 조회

※ 발행금액을 만원단위로 입력하고 과세구분을 선택한 후 [조회]버튼을 클릭하세요.
※ 발행금액 1만원 미만 금액의 경우, 5천원 이상일때는 1만원, 5천원 미만이면 없는 것으로 계산하세요.

발행금액	8160000 원
조회기간	2021 년 01 월 25 일
과세구분	과세구분을 선택하세요 개인과세

조회

◘ 고객부담금 확인

조회일자	2021-01-25		
매도금액	7,972,320	수수료	23,910
선급이자	1,340	주민세	10
소득/법인세	180	채권수익률	1,464
매도단가	9,770	즉시매도시 본인부담금	✓ 210,440

※ 즉시매도 시 본인부담금 : 발행금액-(매도금액-수수료)-(선급이자-소득/법인세-주민세)

< 이전단계   인터넷은행 바로가기 >

조회 기간을 선택해서 과거의 날짜를 조회를 할 수 있다는 것은 무엇을 뜻할까?

만약 셀프등기가 아닌 법무사나 대행사를 통해 국민주택채권을 매입하는 경우, 실제 수수료 금액이 맞는지 본인이 직접 계산을 통해 확인이 가능하다는 뜻이다. 즉, 수수료 금액을 확인해 실제 채권 매입 금액에 대비해서 초과로 수수료금액을 책정한 것이 확인된다면 이 부분을 확인·요청해서 돈을 환급받을 수 있을 것이다.

따라서 이 책을 통해 능력을 배양한다면 유·무형의 많은 이득을 볼 수 있을 것이다.

인터넷은행을 클릭하면 다음과 같이 우리은행, KB국민은행, IBK기업은행, NH농협은행, 신한은행이 검색된다. 해당 거래계좌가 있는 은행을 클릭해서 국민주택채권을 매입하면 된다.

자신이 이용하는 은행(농협)을 클릭해 '국민주택채권 매입'을 진행하면 된다.

국민주택채권 매입 은행의 서비스 이용 시간은 보통 09:00~17:30 이다.

서비스 종류	평일	토요일	휴일/공휴일
국민주택채권매입	09:00 ~ 17:30	불가	불가
국민주택채권 매입확인서조회	00:00 ~ 24:00	00:00 ~ 24:00	00:00 ~ 24:00
채권매입 확인조회	00:00 ~ 24:00	00:00 ~ 24:00	00:00 ~ 24:00
채권할인율조회	00:00 ~ 24:00	00:00 ~ 24:00	00:00 ~ 24:00

· 국민주택채권

농협은행의 국민주택채권 매입 란에서 납부자명 등의 매입 의무자 인적사항을 기재한 후, 채권 매입 금액을 기재하고, 과세 구분에는 개인, 징구기관은 법원등기소, 매입 용도는 부동산 등기(소유권 보존 또는 이전)을 선택해서 확인을 클릭하면, 다음과 같이 즉시 매도하는 주택채권 금액이 388,032원으로 계산된다.

채권매입

국민주택채권매입 　매입확인서조회(재발행)

01 정보입력 　　　　　　　　　　　　01 02 03

• 출금정보 입력 　　　　　　　　　　⏱ 현재시간 : 2021년 06월 08일 12시 01분 54초

납부자명	이▒석
출금계좌번호	312-▒▒▒▒▒▒▒ ∨ ｜ 이체가능금액/한도
출금계좌 비밀번호	▒▒▒▒▒▒▒ ✓마우스입력기 ⓘ 숫자 4자리
관리점(선택)	［　　　　　］［　　　　　］ 영업점 검색 ⓘ 출금계좌 관리열업점으로 자동처리 되므로, 관리영업점 변경이 필요하신 고객님만 이용하시기 바랍니다.

• 매입정보 입력

매입의무자 성명	이▒석
주민등록번호 (사업자번호)	▒▒▒▒▒▒▒ ✓마우스입력기 ⓘ 사업자번호는 10자리 입력
채권매입금액	▒▒▒ 8160000 ✓마우스입력기 원 ⓘ 금액버튼을 클릭하신 만큼의 금액이 계산됩니다.
	+1만 +5만 +10만 +100만 +1,000만 ｜ 금액입력기 정정
과세구분	개인 ∨
징구기관	02 법원등기소 ∨
매입용도	19 부동산등기(소유권보존 또는 이전) ∨

확인

• 조회내역

순번	고객명	실명번호	매입용도	징구기관	삭제
	발행금액	매도금액	매도수수료금액	본인부담금	
	선급이자	선급이자소득(법인)세	선급이자지방소득세		
1	이▒석	▒▒▒-*******	19 부동산등기(소유권보존 또는 이전)	법원등기소	☐
	8,160,000원	7,791,168원	23,370원	388,032 원	
	4,910원	680원	60원		

아래의 실제 납부한 영수증을 살펴보면 국민주택채권 즉시 매도 금액이 388,032원이 아닌 210,440원으로 나타난다. 금액이 다른 이유는 이 공매 물건의 실제 주택채권을 매입한 날짜인 2021년 1월 25일 자금액이기 때문이다. 388,032원이 나온 날짜는 2021년 6월 2일 자금액으로 날짜가 다르기 때문에 채권 매입의 금액 또한 차이가 나는 것을 알 수 있다.

참고로 국민주택채권 즉시 매도 금액은 매일매일 차이가 난다. 그 이유는 188page에 상세히 기재했으니 참고하면 될 것이다.

국민주택채권 매입확인서   NH Bank

채권번호	2100-10-1▒670651	구분	즉시매도
채권금액	8,160,000원	본인부담금액	210,440원
매입의무자 성명	▒▒▒▒	매도금액	7,972,320원
실명번호	▒▒▒-*******	매도대행수수료	23,910원
용도	부동산등기(소유권보존또는이전)	선급이자	1,340원
징구기관	법원등기소	소득세	180원
등기용등록번호	-	지방소득세	10원
취급(관리)영업점	▒▒▒▒	매출일	2021/01/25
영업점전화번호	▒▒▒▒▒▒	발행일	2021/01/31
원천징수의무자 (사업자등록번호)	농협은행(104-86-39742)		

최종적으로 은행에서 자동으로 결제가 되어 최종적으로 채권 매입이 끝난다.

생각보다 어렵지 않을 것이니 직접 해보길 바란다. 필자가 계속해서 이야기하지만, '실행'이 가장 중요하다.

2. 토지 물건이고 매수(낙찰)자 1인인 경우

① 셀프 채권 매입 도우미 - ② 매입 대상 금액 조회 - ③ 매입 용도 선택, 대상 물건 지역 선택, 건물분 시가표준액 기재 - ④ 채권 매입(발행) 금액 조회 - 채권 매입 금액 확인 - ⑤ 고객부담금 조회 - 발행 금액에 절사한 채권 매입 금액을 기재 - ⑥ 조회 클릭 - 인터넷은행 바로가기 - ⑦ 은행에서 국민주택채권 매입 - 영수증 2부 출력

① 셀프 채권 매입 도우미, ② 매입 대상 금액 조회하기를 한 후, ③ 매입 용도와 지역은 토지와 광역시를 선택, 토지의 시가표준액을 기재한후, ④ 채권 매입(발행) 금액 조회를 클릭하고 계산된 채권 매입 금액에서 절사하고, ⑤ 고객부담금 조회하기를 클릭한다.

매입대상금액조회
☞ 채권금액 계산하기

매입용도	부동산 소유권등기(토지)
대상물건지역	서울특별시 및 광역시
토지분 시가표준액	15,467,824 원 토지가격열람
	- 개별공시지가 x 해당면적(㎡)

채권매입(발행)금액조회

채권매입금액	386,696 원
매입기준	서울특별시 및 광역시 시가표준액 5백만원 이상 5천만원 미만 : 시가표준액의 25/1,000

* 5천원 미만은 절사, 5천원 이상은 올림하여 1만원 단위로 채권매입

토지분 시가표준액은 직접 계산해도 되지만 취득세과에서 받은 팩스에 나와 있는 시가표준액을 기재한다. 과세표준액은 아니니 주의하자.
해당 부동산은 법정지상권 물건으로 토지만 매각인 물건이라서 토지시가표준액이 아닌, 주택시가표준액으로 표기되어 있으니 참고하면

된다.

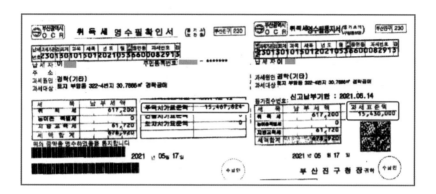

계산된 채권 매입 금액이 386,696원에서 5,000원 이상은 올림해 1만 원 단위로 채권 매입을 해야 하니 ⑥ 390,000원으로 절사해서 발행 금액 란에 기재한 후 조회를 클릭한다.

아래와 같이 즉시 매도 시 본인부담금이 18,732원으로 계산된다.

농협은행에 접속해 국민주택채권 매입을 하면 된다.

납부자명	이■석
출금계좌번호	312-■■■■■■-01 ∨ 이체가능금액/한도
출금계좌 비밀번호	•••• ✔ 마우스입력기 ⓘ 숫자 4자리
관리점(선택)	[　　　　　　] [　　　　　　] 영업점 검색 ⓘ 출금계좌 관리영업점으로 자동처리 되므로, 관리영업점 변경이 필요하신 고객님만 이용하시기 바랍니다.

· 매입정보 입력

매입의무자 성명	이■석
주민등록번호 (사업자번호)	■■■■■ ✔ 마우스입력기 ⓘ 사업자번호는 10자리 입력
채권매입금액	390000 ✔ 마우스입력기 원 ⓘ 금액버튼을 클릭하신 만큼의 금액이 계산됩니다. +1만 +5만 +10만 +100만 +1,000만 금액입력기 정정
과세구분	개인 ∨
징구기관	02 법원등기소 ∨
매입용도	19 부동산등기(소유권보존 또는 이전) ∨

다음과 같이 기재하고 납부하고 아래와 같이 영수증을 2부 출력하자.

1부는 해당 한국자산관리공사에 제출하고, 1부는 향후 부동산 매매를 하는 경우 필요 경비로 사용해 양도소득세를 절감하도록 하자.

국민주택채권 매입확인서　　NH Bank

현재시간 : 현재시간 : 2021년 06월 04일

채권번호	2105-10-11231329	구분	즉시매도
채권금액	390,000원	본인부담금액	18,732원
매입의무자 성명	이■석	매도금액	372,138원
실명번호	■■■■■-*******	매도대행수수료	1,110원
용도	부동산등기(소유권보존또는이전)	선급이자	270원
징구기관	법원등기소	소득세	30원
등기용등록번호	-	지방소득세	0원
취급(관리)영업점	■■■지점	매출일	2021/06/04
영업점전화번호		발행일	2021/06/30
원천징수의무자 (사업자등록번호)	농협은행(104-86-39742)		

공동으로 부동산을 매입(낙찰)하는 경우, 모든 공유자가 각각 국민주택채권 매입을 하는 것은 현실적으로 어렵기 때문에 한 명이 대표로 국민주택채권을 매입한다면 여러모로 편리할 것이다.

대리인으로 채권 매입을 하기 위해서는 다른 공유자, 즉 다른 매입 의무자의 성명과 주민등록번호의 2가지의 정보를 알면 매입이 가능하다.

다음과 같이 납부자명에는 대리인 인적사항을 기재하고 매입 의무자에 실제 매수자(낙찰자)의 이름과 주민등록번호를 기재하면, 대리인으로 채권 매입이 가능하다.

3. 토지 물건이고 매수(낙찰)자 3명 공동인 경우

---

① 셀프 채권 매입 도우미 - ② 매입 대상 금액 조회 - ③ 매입 용도 선택, 대상 물건 지역 선택, 건물분 시가표준액 기재 - ④ 채권 매입(발행) 금액 조회 - 채권 매입 금액 확인 - ⑤ 고객부담금 조회 - 발행 금액에 절사한 채권 매입 금액을 기재 - ⑥ 조회 클릭 - 인터넷은행 바로가기 - ⑦ 은행에서 국민주택채권 매입 - 영수증 2부 출력

경북 포항시 남구 상도동에 위치한 토지를 매수(낙찰)받았다. 3명이 공동매수(낙찰)인 경우, 채권 매입 금액은 어떻게 되는지 차근히 계산해 보자.

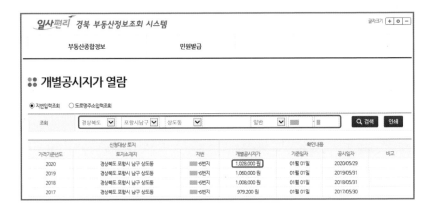

토지의 경우, 개별공시지가는 일사편리(kras.go.kr:444)나 토지대장에서 확인하면 되고, 해당 경매 물건의 개별공시지가 금액이 1,028,000원이다. 이 금액과 매수(낙찰)한 면적을 곱해주면 시가표준액을 계산할 수 있다.

직접 계산하는 방법은

개별공시지가×면적 = 1,028,000원×103.52 = 106,418,560원이다.

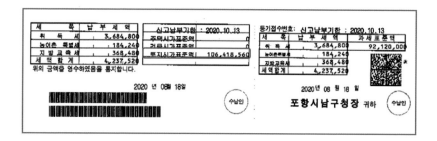

취득세 납부서 고지서 하단에 토지 시가표준액 금액이 계산한 금액
과 같음을 알 수 있다. 계산하기 번거롭다면 취득세과에서 받은 납부고
지서에 기재되어 있는 시가표준액을 이용하면 간편하다. 따라서 팩스
로 고지서를 받는 것도 하나의 팁이다.

매입대상금액조회
▮ 채권금액 계산하기

매입용도	부동산 소유권등기(토지)
대상물건지역	그 밖의 지역
토지분 시가표준액	106,418,560 원 토지가격열람
	- 개별공시지가 x 해당면적(㎡)

채권매입(발행)금액조회

채권매입금액	4,788,835 원
매입기준	그 밖의 지역 시가표준액 1억원 이상 : 시가표준액의 45/1,000

* 5천원 미만은 절사, 5천원 이상은 올림하여 1만원 단위로 채권매입

시가표준액 금액인 106,418,560원 금액으로 채권 매입을 하는 게
아니라 3명 공동 낙찰이기 때문에 1/3을 한 금액으로 각자 1개씩 총 3
개의 채권 매입을 해야 한다. 자주 틀리는 부분이니 주의를 요한다.

물론 단독낙찰(매수)이면 106,418,560원 금액으로 1개의 채권 매입
을 하면 된다.

국민주택채권 매입 시, 단독 매수인지, 공동명의 매수(낙찰)인지 꼭 구별해서 매입해야 할 것이다.

106,418,560원 금액을 3등분한 금액인 35,472,854원이 시가표준액이 되어 채권 매입 금액 조회를 해야 한다.

106,418,560 금액의 3분의 1인 35,472,854원을 토지분 시가표준액으로 채권 매입 금액 조회를 하면 709,457원이 나오고, 5,000원 미만은 절사, 5,000원 이상은 올림해 1만 원 단위로 채권 매입을 해야 하기 때문에 709,457원은 710,000원이 된다.

3명 공동명의이기 때문에 이 금액으로 국민주택채권 매입을 3번 해야 한다. **1건은 본인 이름으로 매입하면 되고, 2건은 대리인으로 매입해야 하는 것이다.**

고객부담금 조회하기를 클릭하고 다음과 같이 발행 금액에 710,000원을 기재하고 조회하면, 2021년 6월 2일 자 즉시 매도 시 본인부담금이 34,149원임을 알 수 있다. 그리고 인터넷은행 바로가기를 클릭해 다음 단계로 넘어가면 된다.

농협은행의 국민주택채권 매입을 클릭하자.

먼저, 3명 중 1명인 필자 본인의 채권 매입을 했다.

쉽게 매입이 가능하다.

먼저 본인의 채권 매입을 한 후에 나머지 2명은 대리인으로 진행하면 된다. 이때 필요한 정보는 공동명의자의 성명과 주민등록번호다.

위의 사진은 납부자명은 본인이고, 매입 의무자 성명도 본인이다.

다음 사진은 납부자명은 본인이고, 매입 의무자 성명에는 공동낙찰자인 임○○과 이○정으로 채권 매입을 한 것이다.

납부자명은 본인, 매입 의무자 성명에는 공동낙찰자인 임○○으로
채권을 매입한다.

납부자명	이 석
출금계좌번호	312- ▼ 이체가능금액/한도
출금계좌 비밀번호	●●●● □마우스입력기 ⓘ 숫자 4자리

· 매입정보 입력

매입의무자 성명	임
주민등록번호 (사업자번호)	□마우스입력기 ⓘ 사업자번호는 10자리 입력
채권매입금액	710000 □마우스입력기 원 ⓘ 금액버튼을 클릭하신 만큼의 금액이 계산됩니다. +1만 +5만 +10만 +100만 +1,000만 | 금액입력기 정정
과세구분	개인 ▼
징구기관	02 법원등기소 ▼
매입용도	19 부동산등기(소유권보존 또는 이전) ▼

납부자명은 본인, 매입 의무자 성명에는 공동낙찰자인 이○정으로
채권을 매입했다.

납부자명	이 석
출금계좌번호	▼ 이체가능금액/한도
출금계좌 비밀번호	●●●● □마우스입력기 ⓘ 숫자 4자리

· 매입정보 입력

매입의무자 성명	이 정
주민등록번호 (사업자번호)	□마우스입력기 ⓘ 사업자번호는 10자리 입력
채권매입금액	710000 □마우스입력기 원 ⓘ 금액버튼을 클릭하신 만큼의 금액이 계산됩니다. +1만 +5만 +10만 +100만 +1,000만 | 금액입력기 정정
과세구분	개인 ▼
징구기관	02 법원등기소 ▼
매입용도	19 부동산등기(소유권보존 또는 이전) ▼

3명의 공동낙찰이므로 이렇게 3번의 채권 매입이 필요하다.

다시 한번 정리하자면,

토지 시가표준액 금액인 106,418,562원에서 3명 공동매수이므로 3분의 1 금액인 35,472,854원 금액으로 채권 매입 금액조회를 한다.

조회 금액은 709,457원이며, 여기서 절사한 금액이 710,000원이다.

이 금액을 채권 매입 금액으로 3번 채권 매입해야 하는 것이다.

710,000원으로 국민주택채권 즉시 매도 금액은 10,542원임을 알 수 있다.

3명의 이름으로 국민주택채권 매입(즉시 매도)을 완료했다.

주택채권 즉시 매도의 본인부담금액을 살펴보면 무언가 이상한 점을 발견할 것이다. 2명은 9,284원이고 1명은 10,542원으로 금액이 다르다는 것을 알 수 있는데, 이는 주택채권의 매입일자(8/19, 8/19, 8/18)가 다르기 때문이다.

날짜에 따라 주택채권매입 금액이 다른 이유에 대해 알아보자.

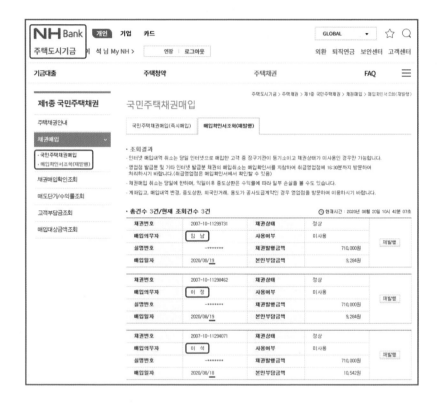

국민주택채권 매입 즉시 매도하는 경우, 수탁은행을 통해 증권사에 매도 주문을 요청하게 된다. 매입자는 실제 차액(발행액-매도액) 및 매도대행수수료 등만 부담하게 되며, 이때 시장의 국민주택채권 유통금리가 매일 다르기 때문에 매입자가 부담하는 금액도 매일 달라지게 된다.

유통금리란, 소액채권 전담 증권사가 당일 업무 마감 후 다음 영업일에 적용할 신고시장 수익률 호가를 제출하며, 증권거래소는 이 호가를 접수받아 가중평균해 발표한다.

   은행에서 직접 납부하는 경우

인터넷으로 진행하는 방식이 아닌 은행에서 직접 국민주택채권 매입신청서 기재해 매
입도 가능하다.

인적사항을 기재하고 매입 금액은 710,000원을 적으면 된다. 당연히 은행에서도 본인
1장과 대리인으로 2장을 매입해야 한다.

매입 용도 란에는 부동산 이전등기를 기재하면 되고, 채권보유 여부 란에는 즉시 매도
에 체크하면 되고, 물론 채권 보유해도 된다.

공동 입찰일 때는 본인 외의 채권 매입 시에는 본인이 대리인으로 매입하면 된다. 그때
는 공동입찰자의 주민등록번호, 연락처를 알면 가능하다.

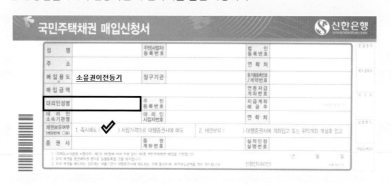

4. 상가 물건이고 매수(낙찰)자 3명 공동인 경우

① 셀프 채권 매입 도우미 - ② 매입 대상 금액 조회 - ③ 매입 용도 선택, 대상 물건 지
역 선택, 건물분 시가표준액 기재 - ④ 채권 매입(발행) 금액 조회 - 채권 매입 금액 확인
- ⑤ 고객부담금 조회 - 발행 금액에 절사한 채권 매입 금액을 기재 - ⑥ 조회 클릭 - 인
터넷은행 바로가기 - ⑦ 은행에서 국민주택채권 매입 - 영수증 2부 출력

이 경우는 특히, 소액 투자나 소액 지분, 소액 법정지상권 투자할 때
중요한 내용이다.

상가의 지분을 3명이 공동 투자로 낙찰받고 셀프등기를 진행 중이다.

다음과 같이 건물시가표준액과 토지시가표준액 금액에서 이 금액을 3명이서 지분대로 나누어서 국민주택채권을 사면 되는 것이다.

신고납부기한	2020.11.06
주택시가표준액	0
건물시가표준액	9,401,097
토지시가표준액	17,821,421

3명의 지분비율로 건물/토지 시가표준액 금액을 나누면 아래와 같이 된다. 지분의 비율은 A, B, C 각각 $\frac{2}{10}, \frac{4}{10}, \frac{4}{10}$ 비율이다.

3명 공동투자		A	B	C
		10분의2	10분의4	10분의4
건물시가표준액	9,401,097	1,880,219	3,760,439	3,760,439
토지시가표준액	17,821,421	3,564,284	7,128,568	7,128,568
합 계	27,222,518	5,444,504	10,889,007	10,889,007

위의 나누어진 금액으로 채권 매입(발행) 금액 조회를 클릭하면 아래와 같은 메시지가 뜬다.

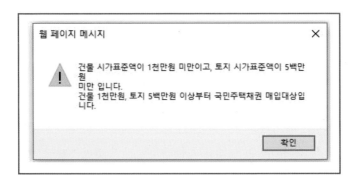

웹 페이지 메시지 ✕

⚠ 건물 시가표준액이 1천만원 미만이고, 토지 시가표준액이 5백만원 미만 입니다.
건물 1천만원, 토지 5백만원 이상부터 국민주택채권 매입대상입니다.

확인

국민주택채권 매입 비용이 '0'원인 경우에 채권 매입한 내용(서류) 없이 셀프등기를 진행하면 분명 한국자산관리공사 담당자로부터 전화가 올 가능성이 크므로 앞의 엑셀 시트와 다음과 같은 내용(건물은 1,000만 원 미만, 토지는 500만 원 미만)으로 채권 매입 비용이 '0'원이라고 기재해서 같이 제출하는 게 여러모로 편리할 것이다.

즉, 건물시가표준액이 1,000만 원 미만이고, 토지 시가표준액이 500만 원 미만이면 국민주택채권 매입 대상이 아니다. 즉 매입할 필요가 없고 비용은 0원이다.

A 지분의 금액을 건물분/토지분 각각 기재하고 금액 조회를 하면 매입 대상이 아니라는 메시지가 뜬다. B, C 지분도 마찬가지임을 알 수 있다.

5. 금액이 맞는지 역산하는 방법 – 아파트 물건이고 매수(낙찰)자 1인, 은행에서 매입

경남 거제시에 위치한 아파트를 매수(낙찰)했다. 인터넷으로 국민주택채권 매입을 하지 않고 직접 은행에 방문해 주택채권 매입을 했다.

아래 국민주택채권 즉시 매도 영수증을 보면 본인부담액이 67,382원으로 확인된다. 정확한 금액인지 역산해보도록 하자.

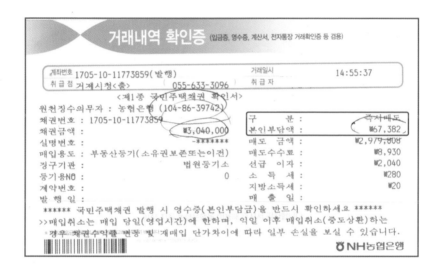

◆ 금액이 맞는지 역산하는 방법

먼저, 아파트의 시가표준액 확인을 위해 부동산 공시가격 알리미에 접속해 해당 아파트 동·호수로 검색했다. 시가표준액 금액은 169,000,000원이다.

| | 107 | 202 | 84.9788 | 169,000,000 |

주택도시기금 홈페이지이에서 매입 대상 금액 조회를 하자.

매입 용도와 대상 물건 지역은 각각 아파트, 그 밖의 지역으로 지정하고 시가표준액은 169,000,000원을 기재하고 채권 매입 금액을 조회하면 3,042,000원이 결정된다. 이 금액에서 절사한 금액은 3,040,000원이다.

고객부담금 조회하기를 클릭한다.

매입대상금액조회
■ 채권금액 계산하기

매입용도	부동산 소유권등기(주택, 아파트, 연립)
대상물건지역	그 밖의 지역
건물분 시가표준액	169,000,000 원 공동주택가격열람 단독주택가격열람

- 주택은 토지가 포함된 가격
- 가격이 공시되지 않은 신규분양공동주택은 다음의 취득가격 기준
  * 취득가격 = 분양가격+옵션비용-(분양가 및 옵션에 대한 부가세+선납할인)

채권매입(발행)금액조회

채권매입금액	3,042,000 원 ✓
매입기준	그 밖의 지역 시가표준액 1억6천만원 이상 2억6천만원 미만 : 시가표준액의 18/1,000

* 5천원 미만은 절사, 5천원 이상은 올림하여 1만원 단위로 채권매입

시가표준액 추가 확인방법

• 등록세 영수필확인서(등기소보관용)에서 다음의 시가표준액을 확인할 수 있습니다.
  - 주택시가표준액 : 주택은 토지가 포함된 가격
  - 건물시가표준액 : 주택이 아닌 상가, 공장, 오피스텔 등을 말함
  - 토지시가표준액
• 시가표준액 관련 사항은 관할구청으로 문의하시기 바랍니다.

제1종 국민주택채권을 매입과 동시에 매도할 경우 매도금액,선급이자와 세금을 가감하여 고객님이 실제 부담금을 조회하실 수 있습니다.

‹ 이전단계   고객부담금 조회하기 ›

발행 금액에 절사한 금액 3,040,000원을 기재하고 조회기간을 영수증에 나와 있는 과거 날짜로 지정해 조회를 클릭하면 즉시 매도 본인부담금 금액이 조회되는데, 67,382원임을 알 수 있다.

은행에서 발급받은 영수증과 같은 금액임을 확인했다.

즉, 과거에 국민주택채권 매입 즉시 매도한 금액을 확인할 수 있는 것이 중요한 포인트다.

고객부담금 조회

제1종 국민주택채권의 발행금액과 과세구분을 선택하면 실제 고객부담금을 조회할 수 있습니다.

※ 대리인을 통한 채권매입 시, 은행에서 발행하는 영수증의 고객부담금과 하단의 조회내역이 일치하는지 확인하시기 바랍니다
※ 고객부담금은 조회 일자에 따라 달라질 수 있습니다.

채권매입금액	3,042,000 원

○ 고객부담금 조회

※ 발행금액을 만원단위로 입력하고 과세구분을 선택한 후 [조회]버튼을 클릭하세요.

※ 발행금액 1만원 미만 금액의 경우, 5천원 이상일때는 1만원, 5천원 미만이면 없는 것으로 계산하세요.

발행금액	3040000 원
조회기간	▢ ∨ 년 06 ∨ 월 16 ∨ 일 📅
과세구분	과세구분을 선택하세요 개인과세 ∨

○ 고객부담금 확인

[조회]

조회일자	2017-06-16		
매도금액	2,979,808	수수료	8,930
선급이자	2,040	주민세	20
소득/법인세	280	채권수익률	2,140
매도단가	9,802	즉시매도시 본인부담금	✓ 67,382

※ 즉시매도 시 본인부담금 : 발행금액-(매도금액-수수료)-(선급이자-소득/법인세-주민세)

< 이전단계   인터넷은행 바로가기 >

등기신청수수료, 국민주택채권까지 납부했다면 셀프등기는 완료되었
다고 봐도 무방하다.

지금까지 '셀프등기 순서 1장' 파일을 출력하고 공부 서류를 발
급받아 '공매 5종 세트 서류' 파일을 작성했다(말소할 목록 작성).
그리고 잔금 납부를 했고 취·등록면허세를 납부했다.
등기신청수수료를 납부했다.
국민주택채권을 매입했다.

PART
07

우표, 대봉투 구입 및
최종 서류를 정리해서
우편등기

우표

셀프등기의 마지막 단계라고 할 수 있는 우표(선납라벨)에 대해 알아보자.

부동산 물건 주소지에 따라 필요로 하는 우표의 개수와 금액이 상이하기 때문에 정확히 확인해 우표를 구입하는 것이 매우 중요하다. 우표 값과 개수가 틀리다면 다시 우표를 구매해서 다시 우편등기를 보내야 하는 번거로움이 크다. 그만큼 소유권이전등기 또한 늦어진다.

우체국 [등기필증(등기완료통지서) 수령 관련 우편 구입]	☐ 우표 3,810원 (빠른등기 기준금액) (등기소 ⇨ 캠코 회송용) ☐ 우표 4,760원 (배달증명 기준금액) (캠코 ⇨ 매수자 송부용)	▶ 등기필증(등기완료통지서)를 공사에 내방하여 수령할 경우 우표 4,760원 구입 불필요

11. 우체국에 방문하여 우표를 구입합니다.

▣ 우표별 용도

- ▶ 우표 3,810원(빠른등기) : 등기소가 등기필증(등기완료통지서)을 한국자산관리공사로 송부시 회송용 봉투에 붙는 우표
- ▶ 우표 4,760원(배달증명) : 등기소로부터 도착한 등기필증(등기완료통지서)을 한국자산관리공사가 매수자에게 송부시 봉투에 붙는 우표
- ▶ 등기완료통지서를 공사에 내방하여 수령할 경우에는 우표 4,760원은 필요하지 않습니다. (3,810원 우표는 필수)
- ▶ 종별, 중량, 지역 등에 따라 우편료가 달라지므로 빠른 회송 등 필요할 경우, 해당부점에 별도 문의 후 구입 바람

공매 물건 담당자에게 전화로 확인하는 게 가장 빠르고 편리한 방법

이다(담당자 연락처는 입찰보증금 영수증 하단에 기재되어 있다).

다음과 같이 한국자산관리공사 담당자로부터 온 문자에서 볼 수 있 듯이, 셀프등기를 진행할 때는 정확하게 진행해야 하겠다.

대봉투

대봉투 2장이 필요하다.

1장은 해당 한국자산관리공사로 보낼 우편봉투이고, 1장은 등기소에서 소유권이전이 되어 등기필정보를 다시 소유자 집으로 보낼 우편봉투다.

당연히 등기필증 우편송부신청서를 신청해야 집으로 등기가 올 것이다.

최종 서류 정리

이제 최종적으로 아래와 같이 서류를 확인한 후, 한국자산관리공사로 등기우편을 보내면 최종 완료가 된다.

① 등기청구서

② 매각결정통지서, 보증금 영수증

③ 잔대금완납증명서, 잔대금 영수증

④ 부동산 등기사항전부증명서(구 등기부등본)

⑤ 건축물대장

⑥ 토지대장

⑦ 취득세 납부 영수증, 등록면허세 납부 영수증

⑧ 등기신청수수료 납부 영수증

⑨ 국민주택채권 매입 납부 영수증

⑩ 말소할 목록

⑪ 주민등록초본(등본)

⑫ 등기필증(권리증) 우편송부신청서

※ 공동으로 낙찰받은 경우, 즉 매수인이 수인인 경우에는 등기필증 수령인 1인을 제외한 나머지 매수인들의 위임장 및 인감증명서를 제출해야 한다.

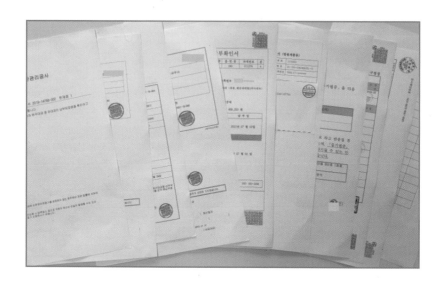

필자 스스로 이 책에 기술한 방법으로 매년 수많은 셀프등기를 신속·정확하고 가장 효율적으로 실제 진행하고 있으므로 자신 있게 독자들에게 추천한다.

필자의 많은 노하우와 팁들을 담은 이 책을 통해 온비드 공매 셀프등기를 꼭 직접 실행하기를 바라며, 소유권이전등기의 전문가가 되길 바란다.

지금까지 '셀프등기 순서 1장' 파일을 출력하고 공부 서류를 발급받아 '공매 5종 세트 서류' 파일을 작성했다(말소할 목록 작성).

그리고 잔금 납부를 했고 취·등록면허세를 납부했다.

등기신청수수료를 납부했다.

국민주택채권을 매입했다.

우표, 대봉투를 구입하고 셀프등기 전체 서류를 챙겨 한국자산관리공사로 우편등기를 보내면 셀프등기가 최종적으로 완료된다.

경매·공매 물건의 추천 물건을 메일로 받아보고 싶으시거나,
강의 및 교육 관련 문의는
nare562@daum.net으로 연락해주세요. 감사합니다.

부동산 공매 셀프등기 A to Z

제1판 1쇄 | 2022년 1월 7일

지은이 | 이창석
펴낸이 | 유근석
펴낸곳 | 한국경제신문 i
기획 · 제작 | ㈜두드림미디어
책임편집 | 최윤경, 배성분   디자인 | 노경녀 n1004n@hanmail.net

주소 | 서울특별시 중구 청파로 463
기획출판팀 | 02-333-3577
E-mail | dodreamedia@naver.com
등록 | 제 2-315(1967. 5. 15)

ISBN   978-89-475-4766-6 (03320)

**책 내용에 관한 궁금증은 표지 앞날개에 있는 저자의 이메일이나
저자의 각종 SNS 연락처로 문의해주시길 바랍니다.**

책값은 뒤표지에 있습니다.
잘못 만들어진 책은 구입처에서 바꿔드립니다.

한국경제신문 i 부동산 도서 목록

한국경제신문 i 부동산 도서 목록

한국경제신문 *i* 부동산 도서 목록